信息化背景下的大学英语教学改革研究

赖福聪　朱　琳　郭佳佳◎著

线装书局

图书在版编目（CIP）数据

信息化背景下的大学英语教学改革研究/赖福聪，朱琳，郭佳佳著.--北京：线装书局，2023.8
ISBN 978-7-5120-5630-5

Ⅰ.①信… Ⅱ.①赖… ②朱… ③郭… Ⅲ.①英语－教学改革－研究－高等学校 Ⅳ.①H319.1

中国国家版本馆 CIP 数据核字(2023)第 162962 号

信息化背景下的大学英语教学改革研究
XINXIHUA BEIJINGXIA DE DAXUE YINGYU JIAOXUE GAIGE YANJIU

作　　者：赖福聪　朱　琳　郭佳佳
责任编辑：林　菲
出版发行：线装书局
地　址：北京市丰台区方庄日月天地大厦 B 座 17 层（100078）
电　话：010-58077126（发行部）010-58076938（总编室）
网　址：www.zgxzsj.com

线装书局官方微信

经　　销：新华书店
印　　制：北京四海锦诚印刷技术有限公司
开　　本：787mm×1092mm　1/16
印　　张：11.25
字　　数：210 千字
版　　次：2023年 8月第 1 版第 1 次印刷

定　　价：78.00 元

前　言

近年来，信息技术在高校英语教学中得到了普遍的运用，大学英语教学中的课程改革、课堂改革、课程评价模式以及英语的阅读方式、写作方式、翻译方式、跨语言文化交流方式都在经历着巨大的变革。为了更好地适应网络信息时代的发展，同时也为了培养更符合时代要求的英语人才，充分研究和分析网络信息时代给英语教学带来的影响，并在此基础上加快推进大学英语的创新性教学改革迫在眉睫。

鉴于此，笔者撰写了《信息化背景下的大学英语教学改革研究》一书，在内容编排上共设置六章：第一章作为本书论述的基础和前提，主要阐释信息化技术与教育信息化的特征、大学英语教学改革的背景与历程、信息技术与大学英语课程的整合思考以及大学英语信息化教学改革的现实审视；第二章至第六章以信息化背景下大学英语教学的改革视角，系统地对教材建设的改革、教学主体的改革、教学内容的改革、教学模式的改革、教学评价的改革进行了全面的分析与讲解，以期找到一条适合未来英语教学改革的发展之路，在强化学生语言基础知识和基础技能的同时，加强对学生自主学习能力的培养，从而逐步提高学生的英语综合应用能力。

全书立足于当下社会的发展潮流和教育的最新发展趋势，在信息化时代的大背景下，全面细致地探讨了大学英语教学的改革。并且，本书还通过对现阶段英语网络自主学习与课堂教学互助、互补的现状以及存在问题的分析归纳，从理论和具体实施策略层面上探究“信息化背景下”大学英语教学与信息技术的有效整合模式。

笔者在撰写本书的过程中，得到了许多专家学者的帮助和指导，在此表示诚挚的谢意。由于笔者水平有限，加之时间仓促，书中所涉及内容难免有疏漏之处，希望各位读者多提宝贵意见，以便笔者进一步修改，使之更加完善。

目 录

第一章 绪　论

第一节　信息化技术与教育信息化的特征

一、信息化技术的认知

目前，信息化技术已经进入飞速发展时期，渗透到人们生活的各个方面，逐渐成为个体间进行交流、学习、理解世界的一种基本方式。信息化技术发展过程中的每一次飞跃都是人类文明史上的进步，当其逐渐构成个体日常生活的经验，改变个体社会交往的方式，即信息化技术已被大多数人掌控和使用时，便产生了引发教育变革的可能性。

广义上的“信息化技术”是用于管理和处理信息所采用的各种技术的总称，它包含一切感测、通信、计算机和智能以及控制技术等。从狭义的角度分析，更能体现信息化技术的功能和特点，具体包含以下方面。

第一，信息化技术也可以称为信息和通信技术，它是应用计算机科学和通信技术来设计、开发、安装、实施信息系统及应用的软件，主要包括传感技术、计算机技术和通信技术。

第二，信息化技术也可以称为“3C”技术，即计算机技术、通信技术与控制技术的结合。

第三，信息化技术是利用电子计算机技术和现代通信系统获取、传递、处理、显示、分配所有形式信息的技术。

第四，信息化技术也可以指应用管理技术，并在技术、科学、工程的标准下实现信息的控制、处理和交流，以及人与计算机的互动。

从上述这些定义中可以得知，信息化技术的核心是电子计算机技术，并在其他通信技术、多媒体技术及工具的共同作用下，实现信息的获取、处理、传递、储存、输入、检索、再生、转换和交流等。

（一）信息化技术的构成元素

信息化技术是为人类服务的，是人类为了更好地认识与了解自然，赢得更多、更好的生存机会和生活条件而发明创造的。就这个意义而言，信息化技术是为了扩展或加强人类的信息器官的功能而存在的，这也是信息化技术的本质意义。人类的信息器官通常包含四方面：第一，感觉器官，如听觉、视觉、触觉等，主要功能是获取信息；第二，传导神经，包括导入与导出神经网，主要功能是传递信息；第三，思维器官，指的是具有推理、联想、记忆、分析等功能的器官，主要功能是加工和再生信息；第四，效应器官，如用来讲话的口、可以行走的脚或用于操作的手等，主要功能是施用信息。

与人类的信息器官相对应，信息化技术也应包含获取、传递、加工、再生和施用等功能。由此可知，信息化技术的四项基本内容，即信息化技术的构成元素具体包括四部分。第一，感测技术。感测技术延长了人类的感觉器官功能，它主要包括传感技术、遥测技术、测量技术、遥感技术等。第二，通信技术。通信技术延长了人类的传导神经网络功能，这种技术能够突破空间上的限制，帮助人们更有效地传递、交换和分配信息。第三，计算机和智能技术。计算机和智能技术使人类的思维器官功能得以延长，这是以硬件技术、软件技术为主的计算机技术和人工智能技术的结合，对帮助人们更好地加工和再生信息有着重要的意义。第四，控制技术。控制技术是人类效应器官功能的延长，它可以通过输入指令，即输入决策信息，实现对外部事物运动状态的干预，也就是具有信息时效功能。

信息化技术的构成元素之间既相互独立，又有机结合，以整体形式共同拓展人类的认知空间。具体而言，信息化技术的核心是通信与计算机技术和智能技术，二者是信息化技术存在的根本；感测技术和控制技术则是联系信息化技术与外部世界的纽带，感测技术是信息的来源，控制技术是信息的归宿，这两者则是信息化技术实现其基本作用的前提。因此，信息化技术的构成元素是一个有机的整体。在当今社会中，信息化技术已成为发展最迅速、应用最广泛、影响最深远的领域之一，它在改变人们生活方式、教育方式和学习方式的同时，对整个社会的经济与生活结构也产生了巨大的影响。

（二）信息化技术的发展阶段

信息化技术的发展经历了从无到有、从简单到复杂、从具体到抽象的过程，从初期较烦琐的数字运算到19世纪电报的发明，再到20世纪第一台计算机的诞生，信息化技术不断推动着人类历史向前发展。

1. 初期阶段的信息化技术

在人类发展的初期是没有技术和科学的，为了满足交流的需要，人类开始利用感觉器官传递信息，如眼神、手势、声音、动作等，再经过大脑的加工和记忆，实现信息的存储。这一阶段，人类是在自然状态下完成信息的交流的。后来，人们渐渐发现与利用声音传递信息相比，利用光进行信息传递的方式更加有效和快捷。于是，就出现了利用烽火传递军事信息的形式。

信息传播史上的第一座里程碑便是文字的出现。从此，人类可以较大规模地记录信息并长时间保存，甚至可以通过书信的方式交流感情、传递信息。

印刷术的发明对推动人类文明的进步产生了重要的意义，它不仅扩大了各种信息传递的范围、加快了信息传递的速度，还进一步加强了信息和存储能力，在一定程度上实现了广泛的信息共享。

数字和运算的出现与使用则是信息加工技术的雏形。人们开始利用抽象的数字符号对各种具体、形象、复杂的自然信息进行记录和处理，这一时期的人类已经具备了认知世界的抽象能力。“信息加工和处理的技术是与物理、化学、数学等科学技术融合在一起的，共同作用于信息的加工和处理上，这也是顺应社会进步和历史发展的必然选择。”①

2. 近代阶段的信息化技术

进入19世纪后，信息化技术发展的速度越来越快。工业革命时期是信息化技术飞速发展的时期。电报的发明改变了传统的信息传播方式，人们开始利用电来传递信息，这极大地加快了信息的传递速度，同时也实现了科技发展的重大突破。电码的出现使得莫尔斯电磁式有线电报问世。

电话的出现是信息化技术在通信领域的一大进步，人们开始用电流传载声音信息，这对于提高信息传递的便利性和交互性有着重要的意义。19世纪末至20世纪初，人类已经能够通过电话、收音机、传真、电视等所收发的电磁信号进行信息的传递，声音、文字、图像等信息都可以转换成电信号，然后负载在无线电波上传送出去。这一时期，人们可以通过无线电收听广播，通过电视节目了解世界的变化。信息的及时性和更新的速度都有了较大的提高。同时，磁带、录像带等存储介质的出现也改变了传统信息的保留和存储形式。

---

① 吕文丽，庞志芬，赵欣敏. 信息化时代下的大学英语教学改革探索［M］. 长春：吉林大学出版社，2018：4.

19 世纪中期至 20 世纪中期，可以称为“近代信息化技术时期”，这一时期。电磁波取代了纸张在信息传输媒介中的主体地位，人们的信息交流突破了空间的限制，变得可听、可看。

3. 现代阶段的信息化技术

20 世纪 40 年代，世界上第一台计算机 ENIAC 诞生，标志着人类进入了现代信息化技术时代。这一时期，信息化技术的形式和内容都得到了极大的丰富，不仅包括计算机技术、通信技术、微电子技术，还包括网络技术、集成电路技术、自动化技术、光盘技术等。信息的加工和处理方式也更加多样。

（1）计算机技术。第一代计算机使用电子管，体积较大，存储容量小，运算速度也较慢。20 世纪 50 年代以后的计算机使用晶体管，与第一代计算机相比体积小、运算速度快。20 世纪 60 年代以后，计算机开始使用集成电路，能够降低制作成本。20 世纪 70 年代以后，计算机的发展出现了两种趋势：一种是巨型机，另一种则是微型机。微型机小巧、便捷、功能强大，价格也更加低廉，这些特点都极大地推动了计算机的普及。20 世纪 90 年代以来，多媒体技术发展迅速，更新了信息传播的方式，拓展了信息交流的渠道，它通过丰富的音频、文字和图像等信息，使人—机交互更加畅通、便捷。此外，多媒体技术还实现了计算机与多种家用电器，如录音机、电视机、录像机、电话、电唱机等之间的信息管理和调控，为智能家电的发展提供了必不可少的技术支持。

（2）微电子技术。集成电路技术的不断发展和完善促进了微电子技术的产生。微电子技术是建立在以集成电路为核心的各种半导体器件基础上的高新电子技术，它的特点是体积小巧、轻薄，可靠性高，工作速度快，使用这种技术的目的便是将仪器微型化。微电子技术的产生和应用对信息时代具有巨大的影响。20 世纪 60 年代，出现了电脑芯片，即利用原子束、电子束和 X 光束技术，将上百万个电子元件“安”放在一块芯片上。1971 年，世界上第一块单片式微处理机诞生。微电子技术的发展对推动计算机技术、通信技术、网络技术的迅速发展有着重要的意义，是一个国家科技实力的体现。对微电子技术进行衡量主要有三个标准：①芯片中器件结构的尺寸是否缩小；②芯片中所包含的元器件的数量是否增加；③设计应用是否有针对性。

（3）通信技术。20 世纪的通信技术得到了飞速的发展。通信技术是利用电或电子设施，传送语言、文字、图像等信息的过程。20 世纪 80 年代后期，除了电报、电话等通信设施外，还出现了移动无线通信、多媒体技术和数字电视等多种通信技术。同时，电报、电话等也向着更高端、更智能的方向发展，如智能电报、自动电话、可视图文电话、IP 电话等。

近年来，随着网络技术的发展，以计算机为核心的信息通信技术逐渐应用到社会生活的各个领域，这一技术的发展和成熟是信息社会发展的必然趋势，也是满足行业间融合的必然选择。现代通信技术有数字化、容量大，并与网络系统和计算机技术相结合的特点。

（三）信息化技术的主要特点

1. 周期短

信息化技术的发展水平越高，信息产品更新换代的周期就越短。在开发信息产品的初期阶段，科技人员通过现代网络及通信技术获取自己所需要的信息，在融入自身创造力的同时加快了产品开发的进度、提高了产品的质量。在信息产品的批量生产阶段，信息化技术同样为人们提供了现代化的生产手段，使得产品形成的时间缩短，如管理系统、计算机技术等的结合有效地减少了产品生产的时间。

2. 投入高

在信息化技术发展的过程中，电子计算机、远程通信技术的结合带来了一场革命。信息化技术的主要内容包括信息的采集、处理、传递、存储、复制、维护等，集计算机技术、通信技术、微电子技术于一体。对于这一技术的研制与开发，每一个环节都需要投入巨资，以此来支持整个项目的研制。信息化技术的高投入通常涉及三个方面的费用：①配置精密仪器；②消耗尖端材料；③复杂的开发活动。

3. 智商高

信息化技术依托大量的知识背景，通过高技术前沿的研究，将知识与智力通过密集型的状态呈现出来。信息化技术的物化体现就是信息产品，大批科技尖端人才和高素质人才群体展开对信息产品的研究与开发，他们在这一过程中形成了竞争与合作的关系。通过这些人的努力，信息化技术得以不断进步与更新，新的信息产品不断出现，并且出现的周期越来越短。

在当前时代背景下，科技领域的各个层面都与信息化技术的发展和应用密切相关，如生命科学、航天航空、新能源、自动化等。其他科学研究往往通过信息化技术获取现代化的研究手段，促进自身的快速发展。随着网络、通信技术的发展与普及，信息化技术在整个社会的覆盖范围大大超过了其他科技成果。

由此可见，信息化技术已然成为当前科技发展的核心，其水平突出反映了人们认识与改造世界的能力，不仅代表着先进生产力，而且在一定程度上决定了劳动生产率的水平。

除了高素质人才群体专注于信息化技术的开发与研究之外，其他领域中的研究也在不断为信息化技术的发展提供新的途径。在信息化技术发展领域中，高智商人才的大量聚集，必然促进信息化技术的飞速发展，从而将人类带入新的社会历史阶段。

4. 风险高

信息化技术研发过程中所具有的高投入特征导致其具有高风险，主要体现在以下方面。

（1）信息化技术研究具有不确定性。例如，企业为了建立公司的管理信息系统需要投入上百万元甚至数千万元的资金，同时还需要考虑每个部门的岗位情况，把握信息流动的内在逻辑，进而设计和制作出适合本公司的信息管理软件系统。然而，企业自身具有典型的动态性特点，这往往带来信息数据的多变与不稳定，定型决策很难形成，这些因素可能导致管理信息系统不同程度地受损。

（2）信息化技术从设计、开发到研制成功的概率比较低。综合而言，信息化技术领域中新产品研发成功的概率只有3%，信息产品开发不成功就意味着所投入的资金会被完全浪费。

（3）信息产品受市场变化的影响，回报波动比较大。大规模甚至是超大规模集成电路制造企业的出现，一方面促进了巨额成本的生产，另一方面也导致很多旧产品制造企业被淘汰。从企业角度来看，信息化技术企业的生存率远低于其他类型的企业，信息化技术所具有的高风险性带来了一种新的经营形式，即风险投资。

5. 竞争高

在当前社会，信息化技术是社会生产力水平的重要反映，信息化技术的竞争突出表现在掌握与利用信息化技术上。在信息化技术的支持下，信息流量激增，这些给计算机和网络在加工、处理、存储、传递信息时带来了很大的压力。在国际领域内，很多国家都将信息化技术作为竞争的关键手段，各个国家在技术、人才、贸易、投资、货币等方面的竞争从本质上而言其实是信息化技术的竞争。

二、教育信息化的特征

第一，信息处理的数字化。教育信息化技术系统的集成度高，主要源于教育信息化的数字化。由于信息化处理信息仅使用两个代码，即1和0，用于表示1和0的设备可以简单化，也可以集成化。数字化的设备系统性能可靠、标准容易统一，数字化处理具有信息保真度高、存储量大、处理速度快等特点。

第二，信息传输的立体化。教育信息资源的共享可以通过立体化传输信息来实现。教育信息资源的共享包括两种：硬件的共享和软件的共享。教育信息传输的立体化可以实现教育活动时空不受或较少地受到限制。

第三，信息的多媒体化。通过多媒体技术可以将单一表征信息的媒体集成起来，提高教育信息媒体设备一体化的程度；通过多媒体技术还可以使教学信息实现多元化、结构化、动态化，将原本复杂的现象变得虚拟化，将原本乏味的过程变得情境化。

第四，信息系统的智能化。智能化就是在多媒体计算机技术中融入人工智能技术。智能化系统再结合认知心理学而构成的智能化教育信息系统，可以扩展人类的智慧、实现脑力劳动的自动化，也可以实现人—机通信的自然化，重复且繁杂的任务可以由智能系统替代。

第五，信息传播中学生地位的主体化。基于教育信息系统的智能化、信息的多媒体化和信息的可扩充化等特点，学生可以积极主动地建构知识，也可以与同伴或教师进行协商学习。

第六，学习资料共享化。教育信息化，尤其是全球教育网络的形成与发展将全世界的教育资源连成一个信息的海洋，使全球教育资源的共享程度得到显著提高，这有利于全球教育资源的充分利用和提高效益，有利于缩小国家、地区之间高等教育发展的差距。网络教育资源有诸多类型，如教育网站、虚拟图书馆、电子书刊、虚拟软件库等。

第二节　大学英语教学改革的背景与历程

一、大学英语教学改革的背景

现今信息技术高速发展，网络已经深深地影响了人们的生活，信息技术不仅为人们的交流沟通提供了更好的媒介，更为学习提供了新的途径。同时，随着全球化的到来，国与国之间交往日益紧密，因此文化之间的交往与传播不可避免。

（一）信息化时代大学英语教学改革

信息技术与大学英语教学的整合可以打破空间与时间的限制，具有鲜明的开放和灵活的特征，人们可以在任何地点、任何时间利用网络来学习。信息化时代背景为大学英语教学改革提供了诸多便利。

1. 形成语言教学环境

良好的语言教学环境对英语教学质量的提高具有十分重要的意义。具体而言，标准的语音、语调输入，开放、丰富的语言知识，必要的对话与练习机会以及教师的帮助与指导等都属于语言环境的范畴。将信息技术与英语教学有机结合在一起，有利于营造良好的教学环境，主要表现在以下方面。

（1）信息技术与英语教学的结合有利于调动学生的听觉、视觉等多种感官，使他们更加投入地参与到英语学习中，并逐渐培养英语思维模式。

（2）信息技术与英语教学的结合可使学生接触大量真实、地道的有声资料，有利于帮助学生增加语言积累、了解文化背景、熟悉交际技巧、提升听说能力，进而提高对语言进行综合运用的能力。

（3）信息技术与英语教学的结合丰富了教学手段，使英语教学变得更加活泼、生动、形象，以便更好地调动学生的注意力、积极性与自信心，有利于培养学生的想象力与观察力。

（4）根据情境教学法的理念，语言学习如果能在与现实情境相类似的环境中进行，则更容易达到令人满意的效果。信息技术与英语教学的结合可以创设与真实场景十分接近的语言情境，为学生进行知识同化创造了条件。

2. 构建新型师生关系

在不同的教学模式下，师生之间的关系也不尽相同。科技的发展使计算机逐渐参与到英语教学中，并成为英语教学的有益补充。在信息技术的英语教学模式下，教师、学生、计算机与教学内容是四项基本要素，它们之间存在着相互依存、相互作用、相互关联的内在联系，因而并不是单向的，学生成为知识的积极构建者，一种合理、和谐、全新的师生关系便产生了。

3. 提高自主学习能力

学生是具有独立思考能力的个体，是知识意义的积极建构者。以信息技术教学为媒介，学生不仅可以摆脱时空的客观限制，根据自己的安排来选择合适的时间、地点进行学习，还可凭借电脑来组织、参与相关的学习活动，从而在教师指导与自我规划的基础上展开自主学习。

4. 提供多种学习资源

通过信息技术不仅可以得到大量的文学语言资料，还能接触很多日常生活用语，其数量之大、语言之生动远远超过了传统的英语教科书。需要特别说明的是，网络信息资源的更新速度很快，有利于及时了解一些新出现的词汇与表达方式，从而提高语言的实用性。此外，网络能够帮助学生一边掌握语言技能，一边补充文化背景知识，深化对语言内涵的理解，提高文化素养。信息技术为英语教学提供了远远超出教材范围的大量资源，学生可由此进行主动、有意义的知识构建。

5. 搭建开放性平台

信息技术为英语教学搭建了丰富的开放性平台，使师生之间的交流效率与质量都有了非常明显的提升，具体表现在以下方面。

（1）电子邮件、腾讯 QQ、微信等成为师生之间沟通、讨论的主要方式，这样的方式避免了面对面交流带给学生的紧张感，更加拉近了师生之间的距离、增进了师生情感。这些交流方式操作简便，也在无形之中增加了师生的交流频率。

（2）教师为学生安排任务、布置作业、制定目标时，可采取通知板的形式。学生向教师提问、上传作业以及与同学沟通任务完成情况时，都可以通过论坛来完成。

（二）全球化时代大学英语教学改革

全球化已经成为一个不可逆转的趋势，它起源于经济领域，因此定义全球化为经济全球化，但是随着交流的日益紧密，全球化并不仅仅局限于经济领域，还会涉及文化与社会等领域。如今文化全球化已经成为人们广泛关注的一个领域，并且不断发展。在全球化时代下，大学英语教学中如何提高学生的跨文化交际能力成为人们日益关注的问题。全球化时代大学英语教学改革主要包含以下方面。

1. 关注人的全面发展

人本主义教育观以学习者的发展为中心，强调学习者的主体地位，认为每一位学习者都具有无限的学习潜能。学习者是独立的个体，具有主观能动性，因此教学要以学习者为中心，学习者与教师对学习都有控制指挥权，共同承担教学责任，教学内容要符合学习者的学习动机，满足学习者的学习需求。因此，大学英语教学要注重学生的全面发展，使其能够在知识经济的时代，灵活地运用学到的知识创新性地解决问题，并具有持续学习的能力，不断完善自己，做到终身学习。

关注学生的全面发展，就要提高其综合语言运用能力。综合语言运用能力是建立在语言技能、语言知识、文化意识、学习策略、情感态度等素质的整合发展基础之上的，教师还要在英语教学中注重情感教学，承认学生间的差异和个性，充分发挥学生的主体作用，努力营造和谐的课堂教学气氛，关爱学生，注重情感交流。

2. 充分利用信息技术

信息技术现已影响着人们生活的方方面面，在教育领域也引起了极大的变革。在大学英语教学中充分利用信息技术，可以将英语课堂变为充满活力与创意的学习场所。在设计英语教学的情境时充分利用多媒体技术、网络技术，使图文声像并茂、形式多样，既可以提高学生的学习积极性，发挥他们的主体作用，又能够使其在相对真实的学习情境中，通过多种模拟手段，提高英语的实践能力。

信息技术的运用也使英语课堂的教学空间形式发生了变化。在专门的计算机室进行英语授课时，学生的座位呈环形排列或呈若干个小圆形，减轻了师生间的距离感，在这种宽松的教学环境中，学生的学习主动性和个性特点也能够得到最大限度的发挥。

3. 运用科学评价方式

随着教育价值观的变化，大学英语教学要求关注学生的发展，以学生发展的需要作为教学的导向并对英语课程进行评价，以监控英语教学的效果，获得反馈信息，改进教学，促进学生的全面发展。英语课程评价主要包括对学生学习的评价、对教师教育教学的评价以及对学校组织实施英语课程标准的评价。其中，对学生学习的评价既包括定位性评价、形成性评价，也包括诊断性评价和终结性评价。

英语教学的评价方式不能单一化，而应倡导多元评价，可以不同的评价方式进行整合，以实现评价的最优化。例如，教师可以将形成性评价与终结性评价结合起来。评价也应该有所侧重，不能单纯地将英语基础理论知识作为评价的重点，要将文化知识及应用等相关内容纳入评价对象体系。

考核形式也不应固定、单一，可以采取将开卷考试与闭卷考试结合起来的方式，也可以采取将笔试与面试结合起来的方式。相对而言，面试可能更加符合英语的特点，教师与学生可以面对面地直接交流，但在实际评价过程中，这种方式很少为教师所使用。具体运用何种评价方式进行评价，教师要灵活选择，可以让学生进行个人阐述，也可以采取小组讨论的形式，甚至可以采取答辩的方式。

教学评价是大学英语课堂教学中最为重要的环节，具体而言，教学评价主要是结合教学目标的相关要求，在整个教学过程中对教学结果进行价值判断，并将判断的结果作为教学决策服务的重要依据。在教学活动中，教学评价是对教学活动中所呈现的现实、潜在价值进行判断，其判断结果具有较高的应用价值。科学评价方式主要包含以下方面。

（1）全方位的评价内容。教学评价内容是教学评价中最为重要的内容，也是教师进行教学评价的重要依据和尺度，直接决定着大学英语课堂教学评价的结果。在全球化时代大学英语教学改革的背景下，英语教师在进行教学评价的时候，必须紧紧围绕三维教学目标：知识与技能、过程与方法、情感态度和价值观，不断完善教学评价内容，进而对大学英语课堂教学进行全方位、客观的教学评价。

具体而言，在全球化时代大学英语教学改革的背景下，教师在设置教学评价标准的时候，可从结合知识、能力和情感三个角度，设置教学评价标准。就某一具体单元教学而言，在设置教学评价的时候，可结合学生对新单词、重点语法的掌握情况，对学生的英语知识结构进行评价。与此同时，要从听、说、读、写四个方面，对学生的英语综合运用能力进行评价，还要从日常交际中的语言运用能力进行评价，确保英语评价内容的全面性。在教学评价中，教师要从学生对英语的看法、英语的情感角度出发，从学生是否喜欢英语学习、是否意识到了英语学习的重要性的角度进行分析。

（2）多元化的评价主体。教学评价主体主要是具体实施教学评价的负责人。在全球化时代大学英语教学改革的背景下，教师在开展教学评价时要实施多元化的教学评价，在教师评价的基础上将学生自主评价、互相评价的模式融入其中，使得教学评价更加具有客观性、全面性。

具体而言，在多元化的教学评价中，通过学生有效的自我评价，可促使学生真正参与到教学中，凸显学生的主体地位，并促使学生在教学评价的过程中更好地了解自我，明确自身存在的问题，进而不断进行自我调整；通过学生互相评价，可引导学生在对他们自己进行评价的过程中，对自身存在的问题进行反思，进而加深对相关问题的理解。由此可见，在这种多元化的教学评价模式下，大学英语课堂教学评价将更加全面。

（3）丰富化的评价手段。评价手段是教学评价中最为重要的部分，主要是为了更好地了解教学活动，根据其是否达到了教学目标而采用的评价工具和评价媒介。在新课程改革背景下，教师在进行教学评价的时候必须结合实际情况，灵活选择多种教学评价手段。

具体而言，可通过三种方法开展教学评价。①课堂观察评价，这是最为直接的评价方法。教师对学生在课堂上的具体表现进行仔细的观察，进而在观察过程中对学生的语言能力进行详细的了解。②问卷调查评价，主要是借助问卷调查的形式，对学生的学习经历、知识掌握情况等进行全面的了解，借助问卷对学生的实际情况进行全面的了解。③面谈评价，主要是在教学评价的过程中借助类似班会、专业的英语对话等，在面谈过程中引导学生进行自我反思，并在此基础上进行科学的评价。

二、大学英语教学改革的历程

英语教学贯穿学生生涯中的各个教育阶段，是我国学校教育中历时最长的一门学科。大学英语教学的改革是一个发展的过程，不是一蹴而就的，也不是整体性的改革，而是体现在英语教学系统各个要素的改革之中。我国大学英语（含公共英语）的改革与教学政策的改革具有密不可分的关系，这是由我国现实的国情决定的，核心教学政策对全国高等院校的大学英语教学有着重要的指导、引领和规范作用。

在公共英语阶段（1949—1984）核心教学政策文本的演变是比较缓慢的，而到了大学英语阶段（1985 年至今），其演变的速度逐渐加快。公共英语的发展历程又可以进一步划分为两个小阶段，第一阶段称为“起步与辗转阶段”（1949—1977），第二阶段称为“恢复与发展阶段”（1978—1984）；大学英语阶段的发展历程也可以进一步划分为两个小阶段，第一阶段称为“发展与稳定阶段”（1985—2001），第二阶段则称为“改革与提高阶段”（2002 年至今）。

（一）大学英语的起步与辗转阶段

在起步与辗转阶段，仅有一份核心的英语教学政策文本——《英语教学大纲（试行草案）》，其于 1962 年 6 月经教育部颁布并实施，该文本规定公共英语教学对象是“中学学过三年英语的学生”，教学目的是“为学生今后阅读本专业英语书刊打下较扎实的语言基础”，其对当时公共英语教学的制度化和规范化产生了重要的影响。

总结而言，该大纲具有四个方面的特点：①以阅读为教学目标；②教学内容以科技英语为主；③教学目的是给学生打下扎实的语言基础；④注重实践的作用。

（二）大学英语的恢复与发展阶段

恢复与发展阶段的重要英语教学政策是《公共英语教学大纲（高等学校理工科）》，于 1980 年 8 月经人民教育出版社出版发行，该大纲将公共英语教学分为基础英语教学和专业阅读教学两个阶段，并对教学要求、教学目的、教学安排等做出了论述。与 1962 年的《英语教学大纲（试行草案）》相比，该大纲在教学要求方面提出了更高的标准，并规定公共英语基础英语教学阶段的教学目的是为学生阅读英语科技书刊奠定较扎实的语言基础、专业阅读教学阶段的教学目的是使学生具备比较顺利地阅读有关专业的英语书刊的能力。《公共英语教学大纲（高等学校理工科）》是一份过渡性的大纲，对改革开放初期的公共英语教学的恢复和发展有着重要的促进意义。

（三）大学英语的发展与稳定阶段

在发展与稳定阶段共出现了七份重要的核心政策文件。总而言之，在课程政策方面，以往的理工科、文理科分立逐渐演变为各学科合流，形成了统一的高等院校本科用的大学英语教学大纲。其中，《大学英语教学大纲（理工科本科用）》和《大学英语教学大纲（文理科本科用）》和起步与辗转阶段及恢复与发展阶段的教学大纲相比，内容更加完整和详尽。二者的结构大致相同，教学要求和教学安排等也基本一致，理工科大纲中的教学目的是培养学生具有较强的阅读能力、一定的听和译的能力以及初步的写和说的能力，是将英语作为学生获取专业所需要的信息的工具，并为进一步提高英语水平奠定较好的基础。此外，两份大纲中的正文部分都分为六个方面：①教学对象；②教学目的；③教学要求；④教学安排；⑤大学英语教学中的注意事项；⑥测试。

此后，有关大学英语四、六级考试以及口语考试为主体的大学英语考试体系逐渐确立，并在 1999 年制定了统一的《大学英语教学大纲（修订本）（高等学校本科用）》。

（四）大学英语的改革与提高阶段

在改革与提高阶段共出现了四份重要的核心政策文件，在课程政策方面有《大学英语课程教学要求（试行）》与《大学英语课程教学要求》；在考试政策方面有《大学英语四、六级考试口语考试大纲及样题（附考生手册）（第 2 版）》《全国大学英语四级考试大纲（2006 版修订版）》与《全国大学英语六级考试大纲（2006 修订版）》。

《大学英语课程教学要求（2007 年版）》将大学英语教学视为高等教育的一个有机组成部分，是大学生的一门必修的基础课程，它在正文部分阐述了大学英语教学的性质与目标、教学模式、教学要求、教学管理、教学评估、课程设置等。具体分析，《大学英语课程教学要求》具有五个特点：①重新阐释了课程要求与教学大纲的关系；②体现了当代教学的理念，强调互动与建构、解构与反思、对话与阐释、过程与主体；③提高了教学要求，同时具有统一性与个体性；④要求创新课程体系，改进教学模式。提出了“采用基于计算机和课堂的英语教学模式”；⑤强化教学管理，倡导多元教学评估。教学评估有形成性评估和终结性评估两种形式，此外还包括对教师的评估。

大学英语考试政策的大纲明确阐释了四、六级考试和口语考试的考试性质，以及考试目的、考试形式、考试对象、考试内容等方面，其中，将大学英语考试的性质阐释为在教育部高等教育司的主持和领导下，由全国大学英语四、六级考试委员会设计和开发，与教育部考试中心共同实施的一项大规模标准化考试；并且规定了大学英语考试的目的在于准确衡量我国在校大学生的英语综合应用能力，为实现大学英语课程教学目标发挥积极作用。

大学英语的改革与提高阶段的特点主要包括四方面：①考试具有“政府主导、全国统一”的特征；②确定了标准参照性水平考试；③强调了考试对教学的反拨作用；④将考试设定为有一定门槛限制的终结性考试。

第三节　信息技术与大学英语课程的整合思考

一、信息技术与英语课程整合的认知

（一）信息技术与英语课程整合的目标

大学英语是高校教育的必修课程，对英语课程的学习，既是学生通过英语学习和实践活动逐步掌握英语知识和技能，提高语言实际运用能力的过程，又是他们磨砺意志、陶冶情操、拓宽视野、丰富生活经历、开发思维能力、发展个性和提高人文素养的过程。基础教育阶段英语课程的任务是激发和培养学生学习英语的兴趣，使学生树立自信心，养成良好的学习习惯和形成有效的学习策略，发展自主学习的能力和合作精神；使学生掌握一定的英语基础知识和听、说、读、写技能，形成一定的综合语言运用能力；培养学生的观察、记忆、思维、想象能力和创新精神；帮助学生了解世界和中西方文化的差异，拓宽视野，培养爱国主义精神，形成健康的人生观，为他们的终身学习和发展奠定良好的基础。

信息技术与英语课程的整合是在建构主义理论的指导下，通过将信息技术有效地融合于英语教学过程来营造一种新型教学环境，实现一种既能发挥教师主导作用，又能充分体现学生主体地位的以“自主、探究、合作”为特征的教学方式，把学生的主动性、积极性、创造性较为充分地发挥出来，使传统的以教师为中心的课堂教学结构发生根本性变革；使学生的创新精神与实践能力的培养真正落到实处，提高学生综合运用英语的能力。因此，运用信息技术有机地整合英语课程，完全符合当前英语教育的发展趋势。

需要注意的是，英语课程的整合框架含有一个信息化学习环境，而这里的信息化环境

不仅仅包括硬件系统，还包括软件和人—机环境，这三者有机地组合成为一个综合的系统。在此系统中，教师、学生、学习内容、计算机网络相互作用而产生一定的教学效果。信息技术与英语课程整合将带来课程资源的变化，信息技术的飞速发展、网络资源的丰富性和共享性都冲击了传统课程资源观，课程资源的物化载体不再单单是书籍、教材等印刷制品，也包括网络及音像制品等。生命载体形式的课程资源将更加丰富，学习者可以通过信息技术的通信功能与专家、教师或同学进行交流，从而扩大课程资源范围。将信息技术与英语课程进行整合，有助于课程评价的变革和改善，信息技术与课程评价整合后，将带来评价观念和评价手段的革新。

信息技术可以作为自测的工具，有利于学生自我反馈，也可以作为教师电子测评的手段，优化了评价过程，革新了传统的课程评价观与评价方法。网络信息技术与英语课程整合最主要的是带来学习方式的革命，信息技术的飞速发展、网络信息的泛滥对人类的学习方式产生了深刻的变革作用。学习者从传统的接受式学习转变为主动性学习、探究性学习和研究性学习，有利于把以教师为中心的教学模式转变为“教师主导—学生主体”的教学模式。

（二）信息技术与英语教学设计的整合意义

计算机网络技术的日新月异及与课程的整合正在深刻地影响和改变着各种学科的生态，预示了学科发展的未来。可以说，今后学生学习的主要途径不再只是依靠书本或教师的讲授，面对浩瀚的知识海洋和不断更新的网络信息，原先固定教师、固定班级、固定内容、固定进程、固定标准的单向的接受式学习方式将被打破，取而代之的是一种全新的学习过程。在这样的学习过程中，学生以计算机和网络以及其他多媒体设备为中介，在自主选择、合理接受、科学加工、适时反馈的信息传输中轻松自如地完成富有个性化的发现式学习方式。这种发现式的学习方式将改变以课堂为中心、教师为中心和以课本为中心的接受式学习格局，更多的是出现以自主学习、合作学习和探究学习为主的发现式学习格局。显然，这种学习格局的变化与信息技术的发展有着直接关系。

信息技术是物化形态技术与智能形态技术的协同利用，具有智能化、数字化、网络化、个人化、多媒体化的特征。随着信息技术的广泛应用，知识密集、信息技术产品出现了更新换代、周期加快的现象。一方面，大量的新知识内容需要加入课程；另一方面课程内容过难，使学生的负担不断加重。众所周知，课程展开的时间是有限的，教师不可能无限延长学习者的学习时间，加之近代科学技术的飞速发展和知识信息的急剧增加，又不得不使教师面对现实的挑战。

最根本的出路在于变革，改变学习过程是一种单纯继承性的传统观点。课程应该在传授一些基础性知识的同时，注重创新和适应能力的培养，对于受教育者而言，最重要的是学会学习，具备进行终身学习的能力，也就是具备自我更新知识结构的能力。对知识的学习，强调的是让学生掌握认知的手段、方法，即学会自己去发现知识、自己去获取和更新知识，而不仅仅是局限于学习知识本身。由于信息时代知识急剧增长，若像传统教育那样，只强调知识本身的学习和掌握，那么学到的知识大部分会很快过时，无法适应现代社会发展的需要，只有让学生学会认知，即学会学习的方法才能在步入社会以后，能够自我更新知识结构，通过自学继续学到工作中所需要的各种新知识、新技能。

一般而言，传统性学习通常是维持性学习和接受性学习，而信息化学习却是创新性学习和建构性学习。维持性学习是一种继承性学习，而创新性学习要处理好“学会”“会学”的关系；接受性学习是一种以教师为中心的学习，学生是知识的被灌输者，而建构性学习是以学生为中心的学习，强调学习者是知识的主动建构者。信息化时代的学习是要从传统的维持性学习向创新性学习转变，从接受性学习方式走向建构性学习方式。要达到这一目标，计算机网络必须与课程及教学模式进行全面的整合，因为它预示着未来教育的发展方向。

二、信息技术与英语课程整合的重点要素

信息技术与英语课程的整合是目前英语教育教学改革的制高点、突破口。第一，要在以多媒体和网络为基础的信息化环境中实施英语课程教学活动，学与教的活动要在信息化环境中进行，包括多媒体计算机、多媒体课堂网络、校园网络和互联网络等。学与教的活动包括在网上实施讲授、演示、自主学习、讨论学习、协商学习、虚拟实验、创作实践等环节。第二，要对课程教学内容进行信息化处理，并使之成为学习者的学习资源，即教师开发和学生创作，把课程学习内容转化为信息化的学习资源，并提供给学习者共享。第三，还可以把课程内容编制成电子文稿、多媒体课件、网络课程等，教师用来进行讲授或作为学生学习的资源。充分利用全球性、可共享的信息化资源，作为课程教学的素材资源，如将数字处理的图像资料、视频资料、文本资料等作为教师开发或学习创作的素材，整合到课程内容相关的电子文稿、课件中，整合到学习者的课程学习中。此外，还可利用共享的信息化资源与课程内容融合在一起，直接作为学习对象，供学生进行评议、分析、讨论。第四，利用信息加工工具让学生知识重构，利用文字处理、图像处理、信息集成的

数字化工具，对课程知识内容进行重组、创作，使信息技术与课程整合不仅是向学生传授知识，让学生获得知识，而且能够使学生进行知识重构和创造。

（一）信息技术与英语课程整合的目标

信息技术与课程整合的宏观目标可概括为建设数字化教育环境，推进教育的信息化进程，促进学校教学方式和学生学习方式的根本性变革，培养学生的创新精神和实践能力，实现信息技术环境下的素质教育与创新教育，培养有突出能力素养的人才。

1. 提高师生信息素养

面向素质教育，基于信息技术的大学英语与教学改革的根本要点是将培养和发展人的信息素养作为渗透素质教育的核心要素。信息技术与课程的整合是渗透信息技术到教育的基本途径，在信息技术中，为发展包括信息素养在内的综合素养的教学活动，为加强信息技术教育提供了一个有效的平台和促进学生发展的空间。由信息化发展带来的变化说明，随着我国现代化的进展，为了实现教育的跨越式发展，大学必须重视将迅速提高学生的信息素养作为渗透整个素质教育的核心要素，并将信息素养的培养融入教材、认知工具、网络以及各种学习与教学资源的开发，以形成人们对信息的需求，培养人们查找、评估、有效利用、传达和创造具有各种表征形式信息的能力，并为此拓展对信息本质的认识。

2. 完善拓展课程的内容

通过信息技术与课程的整合，可以充实、完善、拓展、提高课程的学习内容，以实现从单一学科知识作为课程内容向逐步形成以高新技术为主体的综合知识型课程内容的转变，提高学生的学习兴趣，同时培养学生具有终身学习的态度和毅力，使之具有主动吸取知识的愿望并能付诸日常生活实践，将学习视为享受；能够独立自主地学习，能够自我组织、制订并执行学习计划，并能控制整个学习过程，对学习进行自我评估，为社会发展所需要的各种人才的培养奠定基础。

3. 培养学生的适应能力

在信息时代背景下，知识量剧增，知识成为社会生产力、经济竞争力的关键因素，知识的更新率加快、陈旧率加大、有效期缩短。此外，知识的高度综合性和各学科间相互渗透，出现更多的新兴学科、交叉学科，由此带给人们难以想象的社会生活、经济生活、政治生活和人类一切领域内深刻而广泛的冲击波和影响力。在这种科学技术、社会结构发生剧变的大背景下，学生的自我适应能力、自我生存能力将变得至关重要。在学校教育中，这些能力可通过综合学习、研究性学习予以培养。在综合学习、研究性学习过程中，信息技术的应用占有十分重要的位置，而信息技术与课程的整合是当前综合学习的主要形式。

总而言之，整合的目标是促进英语学科的教学质量、促进英语学科教学目标的实现，整合追求的是促进英语学科的教学质量、提高学生学习英语的效果和效率，而不应是技术方面的目标。英语课程的总体目标是培养学生的综合语言运用能力，对学生的基本要求包括五方面。①有较明确的英语学习动机和积极主动的学习态度。②能听懂教师有关熟悉话题的陈述并参与讨论；能就日常生活的各种话题与他人交换信息，并陈述自己的意见。③能读懂难易程度相当的读物和报纸、杂志，克服生词障碍，理解大意；能根据阅读目的运用恰当的阅读策略。④能根据提示起草和修改小作文；能与他人合作，解决问题并报告结果，共同完成学习任务；能对自己的学习进行评价，总结学习方法。⑤能利用多种教育资源进行学习，进一步增强对文化差异的理解和认识。而整合的目标就是要将信息技术的应用“毫无痕迹”地融合在课堂教学中，以便更好、更快、更多、更省力地完成上述任务和要求。只有在此基础上，才能追求发展性的培养目标（培养和提高学生的信息素养，不仅限于技术操作），将发展性目标统一在基础性目标的实现过程中，并与之协调发展，而不能本末倒置。

（二）信息技术与英语课程整合的前提

信息技术与大学英语的整合要根据学科特点和学生的心理特点。要想更好地完成教学目标，在整合的过程中，前提就是要切实结合英语学科的特点和学生的生理、心理特点，要依据英语学科的特点和学生生理、心理特点剪裁和组合信息技术，安排课堂内容结构、运用教学策略和设计活动等。英语课程的学习是学生通过英语学习和实践活动，逐步掌握英语知识和技能，提高语言实际运用能力的过程，其中听、说、读、写是一个有机整体。因此，在课堂中，教师应该改变传统的过分重视语法和词汇知识讲解的做法，采用任务驱动的途径，把听、说、读、写和译的各种技能结合起来，并把它们统一在具体的问题和任务中，让学生“在做中学，在做中用”。根据英语学习认知过程的分析，设计课堂教学的各个环节、步骤和活动。利用信息技术激发学生的兴趣，用任务调动学生的探究热情，用个性化的学习让学生独立思考，用协作学习让学生进行交流、运用和建构。当然，教师还应根据学生爱说、爱动，善于模仿，记忆力强，有强烈的竞争意识和表现欲，喜欢尝试着把学到的语言材料随时进行对话、叙述和表演的特点，来设计开展丰富多彩的课堂交际活动，便于学生边学边练，学用结合，使所学的语言材料能够在运用中得到巩固和提高。

（三）信息技术与英语课程整合的条件

整合是需要条件的，要在以多媒体和网络为基础的信息化环境中实施，它不同于过去研究的视听技术支持下的多种媒体在教学过程中优化组合应用的整合，学与教的活动要在信息化环境中进行，包括多媒体计算机、多媒体课堂网络、校园网络和互联网络等在现有的条件下充分发挥信息技术的优势，为学生创造出理想的学习环境，促进教学方式、学习方式和教学结构等的一系列转变。信息技术在大学英语教学中具有以下优势。

1. 学习环境自然且真实

信息技术能够创设自然而真实的语言学习环境。“集成性是多媒体技术的关键特性之一，它可以将文字、声音、图形、动态图像有机地集成在一起，并把结果综合地表现出来。”① 与课本、录音带等教学媒体相比，多媒体计算机能提供更为真实、更接近自然的语言输入，提供情境性更强、更生动活泼的语言教学，从而激发学生的兴趣和学习意愿。再加上多媒体技术与网络的结合不仅可以提供来源和表现形式多样化的英语输入量，而且可以为学习者创造丰富、自然的目标语环境，让他们在真实的环境中学习和接受挑战性的学习任务，促进学习形态由低投入（被动型）转向高投入（主动型），这对于学习者发现语言规律，建构自己的语言系统是非常重要的。

2. 提供丰富的学习资源

多媒体与网络能够提供丰富的教学资源，引导学生自主学习。借助多媒体计算机和网络的海量存储，每一个学生都会很容易地得到比以前任何时候都多的信息。有着丰富内涵的光盘越来越受到广大师生的喜爱，各种各样的英语学习网站、各种新型教学资源补充扩展了传统的教学资源，使学生获得了更多的学习机会。不仅如此，很多计算机软件能够提供友好的交互界面，针对语音、听力、词汇、阅读、写作等语言技能提供练习任务，并给予相应的反馈和指导。通过人—机对话的方式，学生可以自主地探究学习。一方面，可以扩大课堂的信息容量，从而增大训练的广度、密度和深度；另一方面，也有利于因材施教和个别化的教学，更有利于培养学生的学习兴趣，以使其找到获取知识的最佳途径，获得最佳的学习效果，这是传统的课堂教学所不能比拟的。

此外，超文本技术实现了信息的非线性组织，各种信息之间有着丰富的链接，构成了立体的信息空间，学生可以按照自己的思路来进行学习，更好地适应每个学生的学习风格

---

① 庞云玲，陈娟. 信息化背景下的大学英语教学改革［M］. 北京：中国纺织出版社，2017：40.

和学习进度。借助这一潜在优势，教师和学生可以进行教学演示，让学生通过多种感官获得丰富的经验，并且可以对演示过程进行自主的控制，促进知识的直观化和可视化，促进学生对知识的深入加工，以获取丰富的不同类型的信息，丰富、扩展其对学习主题的理解，表现自己的感受、知识、见解等。

3. 更好地体现素质教育

信息化背景下计算机和网络使素质教育在大学英语教学中得到更好的贯彻和体现。在计算机和网络所创设的真实、自然的语言学习环境中，学生不仅满足了个人兴趣，在生动活泼的氛围中感受和体验到了特定的语境和标准的语音、语调，也能更好地把握所学内容，还陶冶了情操、开阔了视野，了解了外国的风土人情和文化，提高了学生跨文化交际的能力。在和其他学生的直接交流中，可以发挥创造思维能力和合作能力，让他们充分地学以致用，解决实际问题。英语学习是多种感官的协同学习，掌握一门语言也必然是听、说、读、写和译的诸方面能力的综合掌握，计算机和网络不仅可以兼顾这些方面，而且还可以达到比传统教学手段更高的效果，从而全面提高其素质。

（四）信息技术与英语课程整合的关键

整合就是要建立一种新型的教学结构。在整合中，不仅要把信息技术作为辅助教或辅助学的工具，还要强调利用信息技术营造一种理想的教学环境，通过教师—学生—信息技术—教学资源的有机融合和持续互动，建立起教师主导—学生主体的新型教学结构，以实现一种能充分体现学生主体地位的以“自主、探究、合作”为特征的新型学习方式，切实促进英语教学的改革，这是大学英语课程整合的关键。要通过新的师生关系、新的生生关系和新的学习工具，为学生创造大量的学习、实践、思考机会，让学生去发现和利用当前的信息和资源（包括师生、生生、生—机之间的互动交流所获得的），并将其所学到的知识和技能运用于较为复杂和真实的情境，让学生实质性地参与教学过程，真正地做到学有所用。

三、信息技术与英语课程整合的发展研究

（一）信息技术与英语课程整合的特性

1. 信息技术与英语课程整合的必要性

信息技术已渗透到社会的各个领域，作为与国际接轨的大学英语教学，其发展需要信

息技术的加入。信息技术为英语教学注入了新的活力，将抽象的内容具体化，使晦涩难懂的内容变得生动，很容易实现情境教学。信息技术已经在英语课堂上起到了至关重要的作用。在大学英语教学中，有些教学环节运用多媒体技术可以达到事半功倍的效果，如进行词汇、语法练习时，多媒体呈现的速度更快、容量更大。例如，背景介绍、听力练习，多媒体课件图文并茂，加上声音、动画、影像，可使学生更直观地获得感性认识和文化信息。信息技术与英语学科的整合既成功地导入了新课、优化了教学过程，又增强了学生的学习兴趣、激发了学生的求知欲望。

2. 信息技术与英语课程整合的有效性

信息技术是现代教育技术的重要代表，它是英语教与学中的一柄“双刃剑”。信息技术与英语教学的有效整合就是根据英语教学的需要，以信息技术为先导，以系统论和教育技术理论为指导，充分发挥信息技术以及多媒体网络设备的工具性功能和互联网丰富强大的共享资源的优势，使信息技术恰当有效地融入英语教学，从而提高教学质量和效率。信息技术与英语的有效整合，一方面，可以创新教学模式、增大教学容量、突出教学重点，尽可能地给学生提供真实或准真实的语言情境，增强学生学习的实践性、主动性和自主性，从根本上改变传统的教学观念和模式，优化教与学的过程；另一方面，这种整合也有利于学生形成合理并有效地利用信息技术进行学习和应用英语的策略，培养学生创新思维和实践能力，以及获取信息、处理信息、传输信息、运用信息的能力，使信息技术成为学生在信息时代必不可少的认知、创造的工具。

3. 信息技术与英语课程整合的可能性

从教师方面而言，计算机知识正在教师队伍中普及，而大学英语教师具有先天优势；从学生方面而言，信息技术课已列入大学教育的必修课程，信息技术的基础知识已逐渐被学生掌握；从学校的硬件设施而言，广大院校已拥有了多媒体教室、网络教室，办公也是自动化，并且计算机的数量在不断增加。现代化的教育设施为开展教育现代化奠定扎实的基础，以教育信息化带动教育现代化，这是教育信息技术与英语课程整合的核心任务。

4. 信息技术与英语课程整合的协作性

整合的协作性，一方面体现在学生互相学习、师生互动、生生合作，从而得到团队的帮助和启发，共同参与完成学习任务，要强调信息技术的普遍应用，充分发挥信息技术的优势，为学生的学习和发展提供丰富多样的教育环境和有利的学习工具；另一方面，以多媒体计算机技术和网络技术为主的信息技术具有交互性、超文本性和网络化等特性，使个别化学习、协作式学习和发现式学习得以结合，极大地拓展了英语教学的领域，培养学生的创新精神和实践能力。

5. 信息技术与英语课程整合的开放性

整合的开放性体现在探索和构建新型的教学模式上，这种模式实现了整体教学与个体指导相结合，知识传授与教学信息反馈相结合，真正实现“因材施教”。将英语的学科知识、需要的跨学科知识建成资源库，学生经过简单处理就能很快地利用资源。为了方便学生到更广阔的知识海洋中去寻找知识宝藏，利用网络搜索引擎谷歌、搜狐等网站收集、检索相关信息，充实、丰富、拓展课堂学习资源，提供各种学习方式，让学生学会选择、整理、重组，再应用这些更广泛的资源，这种对网络资源的再组织，有力地促进了学生的自主学习能力。

（二）信息技术与英语课程整合的内容

1. 信息技术与英语教师的整合

信息技术的迅速发展和广泛使用，丰富了教学资源和教学手段，从而对英语教师提出了更高的从业要求。“在信息化时代下，教学信息资源来源多元化，要求教师具有新的课程观、教学信息资源观，从权威的课程执行者成为学习环境的创建者及教学信息资源的收集者、开发者和设计者。”① 因此，广大英语教师必须实现教育教学意识的现代转换，构建复合的知识结构，完善人格品质。

（1）展现人格魅力。不论信息技术如何发展，始终无法代替教师作为领路人的作用，代替不了教师的人格影响。在知识传授渠道极大地丰富以后，教师的价值更多地体现在人格的影响方面。因此，大学英语教师必须树立崇高的职业理想，不断增加自我意识和使命感，要以鲜活、旺盛的创新精神和创造能力去面对每次不同主题、不同内涵的教学活动。一个人的自我评价往往是其事业能否成功的重要标志，每位教师都要善于认识自己、发现自己、追求成功。此外，还必须树立团队意识，善于合作。教师人格魅力的影响对于学生而言是潜移默化的，教师之间必须在竞争的基础上合作、在合作的基础上竞争。

（2）更新教育观念。信息技术的运用需要教师本身素质的提高，对于教师本身而言也是一种挑战。教师在自身的职业发展中，应把信息技术作为一门“必修课”。英语教师作为课程的领导者和组织者，必须树立现代教育的思想观念，克服传统的教育教学理念，运用现代教育技术探索、构建新型教学模式，即突破传统课堂中人数及地点的限制，通过服

① 唐君. 高校英语信息化教学研究［M］. 北京：中国国际广播出版社，2018：85.

务器呈现教学内容建立个别化的学习模式、讨论式学习模式以及协作学习模式。运用新技术教学手段，必须有新的教学理论为指导，不断更新观念。

教师应树立以学生发展为本的观点，在教学过程中以学生的身心发展特点和成长规律为出发点，采取有效的方式或手段，把沉睡在每个学生身上的潜能唤醒，培养学生正确的治学态度、科学的思维方式、丰富的精神世界和高尚的道德情操，要重在激发学生的学习与研究兴趣，作为学习的组织者和指导者，英语教师要树立以学生为主体的观念，应充分尊重学生主动学习的权利，给学生提供学习的条件和机会，帮助学生主动参与学习。教师的职责主要是倡导、组织协作学习、监控学习过程和调节、帮助学习，并了解个体、实行的个别指导。

（3）优化教学方法。增大课堂信息容量，优化课堂教学方法是课堂教学的中心任务。实践证明，学生英语能力的形成，靠的是自己的英语语言实践。运用教育信息技术，能充分调动学生的主动性和积极性，发挥学生的主体参与作用，融教法、学法为一体，加快课堂节奏，增加课堂信息容量，加大语言输入量，尽量为每个学生提供更多的语言实践机会。在教学口语时，教师可把重、难点，即情景对话、图片、板书等要点都设计制作成课件，节省讲解和板书时间，教师可以精讲多练，加快课堂节奏，环环相扣。在进行阶段性或总复习时，也可将已学的众多知识进行系统的整理和归纳，存入电脑，或制成可供学生自学、复习的学法指导或资料库。利用计算机的网络性，学生可随时随地调用所需的资料，学生只需在很短的时间内便可形成一个完整的知识网络，这样就优化了教学方法、提高了课堂教学效果。

信息技术英语教学的整合是一次革命性的教学观的转变，随着它在教学中的不断渗透和深化，教师的角色也由权威的指导者、知识的给予者转变为学习的促进者、协调者和监控者。教师既是学习资源的组织者，同时本身也充当了一种资源，这种角色的转化需要教师善于创设平等、自由的学习气氛，以促进师生之间、生生之间充分的交流、讨论；需要教师帮助学生对自己的学习状态和学习策略进行有效的监控和调节，需要教师探索更为适宜的评价方式，全面评估学生的学习过程和结果，及时地给予反馈和鼓励。

（4）提高技术水平。信息技术作为一种技术手段和学习资源运用到英语教学中，能对学生的学习达到一举多得、事半功倍的效果，然而正确高效地运用这些信息技术也对教师提出了更高的要求。大学英语教师需要将素材资源库与制作平台相结合，根据教学实际，充分利用现有条件下的教学软件，并从中选取适合教学需求的内容以编辑制作使用的课件；灵活运用办公软件，如文档处理、幻灯片式图文展示、编辑制作网页等，这些最基础的信息技术手段对于一线的英语教师有一些难度，需要不断地培训和学习。信息技术在教学中的应用重在信息的获得、筛选与运用，其还是获得和加工信息的工具。实现课程整合重要的是教育观念的革新。

课程整合将信息技术看作大学英语学习的有机组成部分，它要在已有课程（或其他学科）的学习活动中有机结合使用信息技术，以便更好地完成课程目标。但整合不等于混合，它强调在利用信息技术之前，教师要清楚信息技术应用于课堂的优势、不足及学科教学的需求，设法找出信息技术在哪些地方能提高学习效果，使学生完成那些用其他方法做不到的事，使信息技术成为一种终身受用的学习知识和提高技能的工具。如何将信息合理地展示给学生，将对学生的英语学习产生很大的影响。集图形、声音、动画、文字等多种信息功能于一体的教学资源，以全方位、多层次的特性来吸引学生，增加信息的获取量，使课堂英语教学更为生动活泼、趣味盎然，让学生如身临其境，使学生自始至终都保持强烈的兴趣，从而易于接受、记忆新的语言材料和学习内容。因此，要充分发挥以计算机为核心的信息技术的优势，扩展课堂容量，提高教学效率。

（5）提高科研能力。教师应在教学之余，通过互联网搜集各种有关英语学习和教学的网站，一方面收集积累教学和学习素材，丰富课堂教学材料；另一方面还要通过较好的英语教学研究网站进行网络在线学习，拓宽自己的教学研究视野，提升自己的专业水平和业务能力。在利用信息技术整合英语学习和教研的过程中，师生能够教学相长。许多学生掌握着一定的计算机技术，能够帮助教师解决信息技术运用中的相关问题，从而提高课堂教学效率。教师可以向学生学习信息应用技术，学生也在应用中既巩固提高了信息技术和利用信息技术学习的能力、增强了英语学习的兴趣，又密切了师生之间的关系。对英语教师而言，建好、用好英语网站不仅仅是为了共享教学资源、方便自己的教学，而且能利用英语网站发布信息、交流教学经验、开展合作研究、交换学术成果。英语教师可以通过互联网上的网络讨论组组织学术讨论活动，召开英语教学研讨会，把最新的教学成果推出去，让更多的英语同行和英语学习者受益。教师还可以把自己的优秀教案、课件等放在学校的网站上共享来扩大影响。

（6）提倡终身学习。大学英语教师作为课程的设计者和开发者，要让自己适应形势发展的需要，就必须不断地学习。他们不仅要具备普通教学的基本素质，还要具备计算机技术、视频技术、通信网络技术、音频技术、影视技术、编导理论等方面的基本知识；必须掌握多媒体网络化教育环境下进行多媒体网络教学、利用多媒体技术进行教学设计的知识技能，必须密切追踪当代科学技术、社会人文领域的最新研究动态和成果，具备基本的科学人文知识，强化网络意识和网络文化适应意识；应富有敏锐的职业洞察力、卓越的教学监控能力，高效率地解决教学过程中的各种问题。由观念适应到知识适应、技术适应乃至文化适应，教师应全方位地加强自身适应信息化背景下生存环境的能力，成为信息化教育中的行为主体。

2. 信息技术与英语学习的整合

信息技术与学习的整合主要体现在教师对学生进行学习策略指导和学生的自主学习上。通过信息技术学习英语是一条全新而有效的途径。在以学生为主体的英语学习中，对学习策略的指导尤为必要：一方面，是对英语语言学习规律的把握；另一方面，则是如何运用多媒体技术和互联网来辅助学习。教师可以通过课堂教学和课外学习中的讲座、讨论指导学生认识英语学习规律，还可以把平时在互联网上浏览时收集到的有助于英语学习的网站分类整理提供给学生，为他们自主学习和运用网络学习英语提供帮助。在课堂学习中，学生能较好地利用从这些网站中获取的信息去拓展有限的课文内容，并通过计算机技术做成电子作品，丰富课堂学习内容，提高英语学习的趣味性。

3. 信息技术与学生个体的整合

学生是教学的中心、是学习的主体。信息技术和多媒体技术所特有的集声、光、色彩、图片、动画和影像等于一体的影音效果，可以让学生接受多种途径的感官刺激，有利于知识的记忆。而通过网络所获得的有益教学的信息则是传统教学无法比拟的，因此它能激发学生的学习兴趣，并能充分发挥学生的主体性。学生将所学知识与信息技术结合起来，通过探究和发现进行学习，如为准备一个课题的学习，信息技术成为学生的认知助手和培养研发能力的工具，成为辅助大学英语学习的助手。

（1）培养和发挥学生的主体性。学生在教师的指导下，利用教师提供的资料或自己查找信息，进行个别化和协作式相结合的自主学习；在利用信息技术完成任务后，师生一起进行学习评价、反馈。在整个教学过程中，学生能够发挥主体性、发展个性。教师在整合教学中发挥主导作用，以各种形式、多种手段调动学生的学习积极性，帮助学生实现学习目标，这样的教学十分有利于学生主体性的发挥和问题解决能力的培养，教师要善于引导学生，发挥网络的积极作用，促进英语教学。

（2）培养学生的创新精神。学生利用搜索引擎在互联网上搜索、筛选、选择和分析相关信息以及有关音像资料进行探究学习，培养创新精神，学生从传统的知识被动接受者转变为主动发现者、建构者，并养成自主学习的习惯。学生是教学的中心，是学习的主体。在大学英语学习中，学生利用英语学习环境，积极构建知识意义，进行语言运用练习。

(3) 培养学生的探究精神。信息技术成为辅助英语学习的助手，通过网络了解其他国家的社会环境、风俗习惯、历史文化等，对学生的英语学习有很大帮助。教师可根据英语课程的教学内容，将所呈现的学习内容进行收集、加工、分析、处理，整理成多媒体、超文本的学习资源，为学生创设一种直观形象、生动有趣、便于理解记忆的语言环境和语言交际情境，让学生在这些情境中进行探究，从而使学生自主地发现问题，动手操作，提出解决问题的方案与办法，这样做有助于学生对学习内容的理解和学习能力的提高，进一步培养学生的探索精神。

4. 信息技术与英语教材的整合

与当前大学英语教材及其相关练习和阅读材料相比，信息技术与互联网所提供的资源是超乎人们想象的。信息技术和互联网已经在打破传统课堂教学模式，教师和学生可以借助网络收集和整理相关课题的资料作为教材课题的拓展学习资源，可以通过文本阅读讨论或以幻灯片的形式学习，也可以在学校网络主页上建立链接进行网络学习，还可以由教师把经过认真筛选的相关网址提供给学生自主学习。这种方式的学习使教学信息得到极大的扩充，知识范围广泛拓展，课堂结构更趋开放。学生的视野得以拓宽，思路更加开阔，利于创造力的培养，这是信息技术与教材整合的优势。

5. 信息技术与英语课程评价的整合

信息化背景下信息技术的应用丰富了评价内容，使其更加全面、科学。信息技术拓展了评价内容，它本身就可以作为一项标准来评价学生的电子作业，如幻灯片、网页等。对于学生评价的重点，可以是课题研究计划的可行性、研究方法的有效性；学生的参与程度、协作意识；作品是否切合主题，以及内容的丰富性、合理性、创新性；技术的应用程度等等。教师还可以通过英语学科题库进行测评，为评价提供参考数据。条件许可时，可以在在线课堂测试检验学习效果，这些都为教师反思和调整教学内容、手段和步骤提供了必要的参考。教师可以利用办公软件和校园网络，轻松地对学生所有的相关数据进行电子化管理，如学生的各种测试成绩、行为记录和学期评价等。利用信息技术，教师的工作效率可以明显提高，评价内容更为丰富，教育管理也更加科学有序。

（三）信息技术与英语课程整合的模式

信息技术与大学英语课程整合，应该借助信息技术的优势，利用其多媒体信息集成技术、超文本技术、网络技术等优势特点。作为教师的英语教学辅助工具和学生英语学习的认知工具，构筑数字化英语学习资源，使学习者实现英语学习方式的变革从被动接受式学习真正转变为自主学习和有意义学习。信息技术与英语课程的整合将带来英语教育观念的转变，将形成新型的教学结构，从以教师为中心的讲授转变为学生探索发现式的自主学习、协商讨论和意义建构。

教师应根据教学目标对教材进行分析和处理，并以课件或网页的形式把教学内容呈现给学生，经过学习后师生再一起进行学习评价、反馈。教师和学生在信息技术的帮助下，分别进行教学和学习。在整个教学过程中，学生的主体性和个别化得到较大的体现，这样的教学氛围十分有利于学生的创新精神和问题解决能力的培养。同样，教师通过整合的任务，发挥了自己的主导作用，以各种形式、多种手段帮助学生学习，进一步调动学生的学习积极性。信息技术与大学英语课程整合的具体模式有以下三种。

1. 英语教师的辅助工具

信息技术与英语课程整合，是由计算机辅助英语教学理念的提升和发展。信息技术与英语课程的整合，并非忽视信息技术作为英语教学工具的功能，而是把其作为信息技术与英语课程整合的一个侧面来看待。信息技术作为英语教师的教学辅助工具，主要是作为知识呈现工具、师生通信交流工具、测评工具以及情景展示工具等。信息技术作为英语教学工具，将更加关注其教学设计的合理性，从英语课程目标出发，真正地把信息技术整合于英语教学之中。

2. 学生学习的主要认知工具

信息技术与大学英语课程的整合和辅助英语教学的明显区别，就是信息技术可以作为学生强大的认知工具，成了学生学习与认知的有效工具，并且根据英语学习目标，学习者能够合理地选择信息技术工具。信息技术主要作为英语学习内容和英语学习资源的获取工具、作为协商学习和交流讨论的通信工具、作为知识构建和创作的实践工具以及作为自我评测的反馈工具。学习者必须根据学习环境和目标以及预期结果，选择合适的信息技术工具作为自己的英语学习工具。

3. 学习环境的有效构建工具

信息技术能够构建一个有效的大学英语学习环境。通过信息技术，可以呈现给学生一个真实的或者虚拟的学习环境，让学习者真正体验在其中，学会在环境中主动建构、积极建构，构筑自己的学习经验。信息技术构建学习环境，可以通过其网络通信功能以及虚拟功能等方面体现，营造学习者有效的英语学习环境。学习环境对英语学习所产生的影响是积极的，现代教育信息技术所构建的英语学习环境仍然要从一般的学习理论中寻找理念。

（四）信息技术与英语课程整合的环境

1. 英语教学的多媒体环境

（1）创设情境型——创设学习情境，激发学习兴趣。大学英语学习需要一个良好的语言学习和使用的环境，而多媒体教学软件具有形象、生动的特点，可以提供声情并茂的情境，激发学生的学习兴趣，丰富学生的学习素材，以激发学生学习英语、运用英语的积极性。运用多媒体教学软件进行英语教学，实施的出发点之一就是力争使用多媒体教学软件创造出良好的语言学习环境，为学生提供运用英语进行听、说、读、写全方位的训练，从而提高学生学习英语的兴趣，有效地培养学生学习英语的能力。

（2）学习资料型——提供学习资料，开阔学生视野。使用具有丰富学习内容的多媒体教学软件，可以为学习者提供大量的学习资料，而教学软件的图、声、文字的结合，可使学生在学习时兴致盎然。通过利用这种学习资料型的英语教学软件进行学习，不仅可以使学生学习英语的能力得到训练，而且可以在练习英语基本功的同时开阔视野。这种学习资料型的英语教学软件，可以是教师自行开发的，也可以是从市场购买的；学生对这类软件的使用，可以是在课堂上使用的学习材料，也可以是课后学习的辅助材料。

2. 英语教学的网络环境

在网络环境下，网络自身就是一个生动丰富的背景课堂，它不仅可以为每个学生提供个性化的学习空间，让学生能动地自主学习，而且教师可以利用网络资源为课堂教学创设形象逼真的学习环境。网络英语教学具有以下特性。

（1）学习过程的创造性。网络英语教学选定互联网的某一站点或校园网的某一资源库作为学生取舍的素材来源，而对素材的选择、组拼、融合、消化、转换则是学生发挥想象力和创造力来完成的。

（2）学习环境的形象性。多媒体英语教学课件可为学生提供逼真的视听环境，通过视觉和听觉的组合优势提高教学效果。而网络英语教学无须人为地创设一个多媒体环境，网络本身就是一个真实的多媒体世界。学生可以进入自然真切的情境中进行身临其境的英语学习，而且学习效果可以获得即时反馈。

（3）教学模式的先进性。网络英语教学是一种以学生为主体、以教师为主导的全员参与的“双主”模式，事先没有固定的教材，在教师的引导下，每个学生都将教师精心挑选的素材个性化地加工成了一篇短小的课文。学生在自己学习，自己利用网络环境和资源“编制”成“教材”。学生对自己成果的偏爱和认同是任何统编教材都无法比拟的。因此，网络英语教学使学生对所学的内容产生了强烈的认同感，学习的积极性和学习兴趣就会有所提高。

(4) 学习资源的开放性。网络具有很高的开放性，它本身就是一个无比丰富的资源库，与教师事先编制的课件或印刷的课本相比，它更能为学生提供全方位的学习资源。网上的学习资料是动态的，处于即时更新的状态，它的资料丰富多彩，涵盖了社会的各个方面，为师生双方都提供了很大的选择余地，有利于培养学生的自主学习能力。此外，网络学习的资料形象生动，图、文、声并茂，很容易吸引学生的注意力、激发学生学习的兴趣。因此，网络英语教学将教室扩大到有信息海洋之称的互联网上，网络成为学生学习大学英语的一个组成部分，这是一种真正意义上的开放性英语教学。

第四节 大学英语信息化教学改革的现实审视

一、大学英语信息化教学改革的作用

随着信息技术与网络通信的快速发展，许多信息技术被普遍应用在课堂教学之中，大学英语教学也不例外。在大学英语教学中利用信息化技术，有助于推动英语教学改革，鼓励学生积极参与，使其主动地进行学习互动，从而提高大学英语教学水平。信息化背景下的大学英语教学具有重要作用，具体包含以下方面。

第一，有助于提升大学英语课堂的教学效果。在信息化英语教学中，大学教师通过信息技术使用不同的教学软件、教学视频、资料图片及三维实景等，可以让学生对信息化教学产生新鲜感与好奇心，使其主动地在课堂上跟着教师进行练习，从而促进学生学习的积极性与主动性，实现教师与学生、学生与学生之间的主动交流与互动，从而提高大学英语课堂的教学效果。

第二，有助于提高学生学习英语的积极性。教师在课堂教学过程中，灵活地使用大量的信息化技术，使信息化技术与英语教学内容有效结合，通过对信息技术的融入，能够增强学生积极参与课堂互动与讨论的主动性与自觉性，并让学生及教师来共同分享、学习和交流，从而带动学生学习的积极性与热情，提升学生的自信心。

第三，有助于学生创新意识的培养。信息化英语教学中，教师通过鼓励学生积极参与课堂互动、进行小组讨论、开展合作探究，不断挖掘学生的潜力，引导学生在课堂上进行思考，充

分展现自身优势。在学习过程中要结合场景大胆地开展模拟演练，为学生提供自由发挥的空间与平台，使其最大限度地发挥想象、进行创新，从而培养学生的创新意识与创新能力。

二、大学英语信息化教学改革的重要性

大学英语信息化教学改革十分必要，这不仅是时代发展的要求，同时也是提高英语教学质量、进行人才培养的要求。

第一，大学英语信息化教学内容改革的重要性。英语教学的目的是进行语言的应用，而不仅仅是阅读，更不仅仅是为了掌握单词的意义、明白语法规则，如果不能用英语进行交流，学习英语就失去了意义。在教学过程中，要培养学生的英语综合应用能力，就需要在教学内容上进行改革，增加课堂上的语言实践活动，让学生有开口说英语的实践机会，也只有在实践中不断锻炼，学生才能真正提高英语的应用能力，才能够学以致用，达到英语教学的目的。因此，改革英语教学的内容十分必要。

第二，大学英语信息化教学方法改革的重要性。教学方法一直是教学研究的重点，也是我国英语教学改革的关键环节，常见的英语教学方法包括语法翻译法、听说法、直接法、认知法、交际法、情境法等，这些教学方法都曾经对英语教学理论和实践的发展做出了巨大贡献。但是，这些教学方法往往是在一定的历史条件下为达到当时的教学目的而产生的，它们一方面从各个侧面充实和丰富了外语教学法体系，另一方面，又过分强调了某个侧面，因此有各自的不完善之处。随着社会的不断进步与发展，社会对人才的需求也在不断变化，在不同时期教学理论也会有所不同，教学方法也应有所变化。

随着新的教学方法的引入，我国英语教师的视野得到了拓宽，广大英语教师也积极投身到英语教学理论特别是教学方法的研究、改革和实践之中，英语教学方法也因此得到不断的完善。大学英语教师应该根据具体的教学情况，运用各种教学法中最有效、最适用的部分，根据具体的英语教学需要，研究出适合本校、本班学生的教学方法。我国英语教学的改革强调以学生为本，突出学生的主体地位，这就需要教师在教学中重视学生的个性，在采用教学方法时重视对学生兴趣的挖掘。因此，在教学改革中我们需要认真地研究有利于激发学生学习兴趣的教法。

第三，大学英语信息化教学测试改革的重要性。为更好地把握学生的英语语言领悟能力、英语语言理解程度、英语交际水平，教师应安排听力考试、英语口语和英语交流等方式来弥补笔试考试的不足。总而言之，只有科学、合理的考试形式才能完整全面地检测教师教学的科学性和学生的英语知识和交际能力。

三、大学英语信息化教学改革的方法

（一）丰富信息化英语教学设备

第一，在大学英语教学硬件设备方面，引进先进的计算机、投影仪等多媒体教学设备设施及信息化网络平台，及时维护和更新教学设备与平台，改进英语教学条件，确保英语教学设施紧跟时代发展。

第二，在大学英语教学软件设施方面，一方面，有条件的大学有效发挥了本校科研与技术力量，研究开发适合英语教学与学习的相关软件，提供丰富的信息化英语学习资料；另一方面，大学与其他学校和技术企业合作，共同研发适合大学英语教学与学习的软件系统，确保大学信息化英语教学的有效进行。

第三，在大学英语教学资源方面，要做好英语教材的选择，及时更新英语教材内容，依据学生的年龄结构、生活经验、地域文化等选择制定不同的英语教材，结合学生已有的英语水平、性格特点、兴趣爱好以及现代信息化手段等来制作相应的英语教学方案，以此来激发学生的学习热情与积极性，提高英语教学的效率与质量，培养学生适应现代化发展所需的英语技能。

第四，构建完善的信息化英语教学网络平台，如网络化教师在线教学平台、校内外联合创建网络教学资源管理平台、教师与学生课下互动平台以及学生在线测试和在线实训平台，为师生进行信息化英语教学提供强有力的软件设施保障，让信息化英语教学成为一种常规的英语教学。

（二）灵活运用多种信息技术

第一，培训大学英语教师，使其掌握基本的信息技术知识和操作技能。具体而言，课程安排要由浅入深地进行，先要让教师了解、掌握计算机和网络技术方面的基本知识，专门培训教师在信息化教学中常用的一些教学软件和工具等，使其能够熟练掌握常用的操作并灵活使用。此外，还要对教师使用的软件工具来快速检索有效信息和下载所需资源以及对所获取的信息进行有效加工和重组的能力进行培养，使其能够用合理的方式来现最终所需的信息资料。

第二，提高大学英语教师整合信息技术与英语教学的能力，使其能够在英语教学中合理地使用信息技术。一方面，邀请英语教学、高等教育教学等方面的专家学者来举办讲座或座谈活动，引导教师学习教学理论、探讨教学的方式和方法，从而加强对英语教师教学理论方面的指导与培训，使其理解教学理论，并开展教学创新教育；另一方面，根据英语教学的特点来培养教师应用信息技术的能力和将信息技术应用到英语教学中的能力。

（三）形成课堂教学改革累进机制

第一，在政策设计方面，教育行政部门要增加针对性、连续性、诱导性的政策内容，为课堂教学改革提供稳健、宽松的政策支持。“在政策制定过程中，要明确认识到一线教师是改革的专家，政策制定者是为课改提供政策导航、优质服务和后勤保障的。”①

第二，在教学管理方面，学校要转变管理思维，从“行政管理”转向“理念管理”。在“理念管理”之下，学校作为课堂教学改革的主体，会将改革理念的创新、梳理与整合等作为学校课改的重点，从而深层次地开展课堂教学改革。

第三，在教学方面，教师要立足学情、脚踏实地地开展英语课堂教学改革，切实提升自身对课堂教学改革的认识与理解。教师自身要明确课堂教学改革的基本理念与根本意图，将自己在教学过程中形成的课改经验融入课堂教学改革实践。

（四）制定英语教学改革目标

开展大学英语教学改革，要从课堂实践出发，发现并分析教学中存在的现实问题，确定改革的方向与目标，从而有效地开展英语教学改革。大学英语课堂教学改革要以课堂教学的育人活动为根本，课堂教学改革的核心目标是学生是否获得了全面高效的发展，这也是衡量课堂教学好坏的重要标准。因此，在英语课堂教学改革中教师必须明确教学目标。教师应全面深刻地了解教学内容的育人价值。一方面，要在明确所教学科内容结构的基础上，清楚本节知识在整个教材中所处的位置，了解必须掌握的学习方法、知识及技能技巧；另一方面，要深入研究英语学科教学，努力培育学生科学、合理的价值观念与人文精神，培养学生自觉发现、主动探究、独立思考的意识与能力。此外，教师应深入地研究学生，不仅要了解学生个体的学习态度与知识基础，还要关注学生群体内的差异、学生容易接受的沟通方式与学习方法，以及不同年龄段学生的兴趣爱好、学习能力及认知特点，从而制定相应的教学目标。

总而言之，大学英语作为高校公共基础课程，其教学具有自身的特点，在信息化背景下，大学英语课堂教学改革势在必行，需要丰富信息化英语教学设备、提高教师信息素养、构建课堂教学改革累进机制、明确英语教学改革目标，以提高改革效率。

---

① 王艺璇，曹晓晨．信息化背景下大学英语教学改革的问题与策略［J］．黑龙江工程学院学报，2020，34（5）：72.

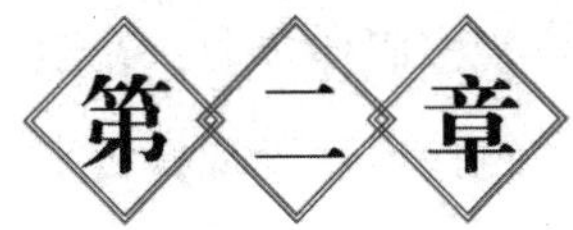

第二章 信息化背景下大学英语教材的改革

第一节 信息化背景下大学英语教材的演变与发展

一、信息化背景下大学英语教材的演变

（一）教材编写理念方面

大学英语课程教学的目标是培养学生的英语综合应用能力，特别是听说能力。如今的大学英语教材把加强听说“作为推进大学英语教学改革的着力点”，将听力和口语交流放在十分重要的位置，希望学生经过一定时间的训练之后能听懂英语广播和电视节目，在日常学习和社会交往中用英语有效地进行口头信息交流。例如，在《新视野大学英语》的设计中，《听说教程》和《读写教程》同为主干教材；《大学体验英语》遵循加强听说、加强表达和加强实用的编写原则，突出和加强学生的听说与交流能力的训练与培养；《新时代交互英语》由《视听说》和《读与译》两个相对独立又相互联系的部分组成；“大学英语立体化网络化系列教材”以听说学习活动为先导，带动英语综合运用能力的整体提升；在大学英语系列教材中，《视听说教程》自成体系，培养学生的英语综合运用能力特别是听说能力，体现了实用性原则。

（二）教材体裁形式方面

教学理念的变化需要物质载体的支撑。新编写的大学英语教材突破了传统的纸质平面教材的限制，采用人—机对话的先进技术，形成了多个部分互动联系的立体化教材。大学英语立体化教材是现代教学理念、现代信息技术和大学英语教学需求三者相结合的产物，它以现代教育学理论尤其是建构主义理论为指导，通过多媒体和计算机网络技术等创新教学手段，提供图、文、声并茂的学习资源，便于学生自主学习。在这些教材中，印刷时代单一、静态、历时、线性的叙述文本让位于电子时代的动态文本；在教学内容呈现方式上，拥有包括纸质教材、网络课件、助学/助教光盘、电子教材等在内的多种载体；在教学资源上，既有听、说、读、写电子教案，又有语言测试题，还有影视多媒体资源；在演示方式上，既有文字表达又有生动直观的视频、动画和图片，超文本链接迅速以现代教育技术为依托的立体化教材更新了大学英语的媒介载体，改善了学生学习语言的环境与条件，提高了英语教学质量和教学效益。

（三）教材教学设计方面

大学英语教学改革的一项重要内容是实施基于计算机和课堂的英语教学新模式，该模式充分发挥计算机可以帮助个体学习者反复进行语言训练，尤其是听说训练的功能，结合教师课堂讲授和辅导，使学生可在教师的指导下，根据自己的特点、水平、时间，选择合适的学习内容和学习方法。教学模式的变革带动教材设计的变化。新出版的大学英语教材充分发挥了自身作为目标语和学习者之间的中介作用，偏重从学生的角度出发，一方面结合学生的专业、兴趣和程度等个性化学习需求，提供种类齐全、内容丰富的教学资源，方便学生自主选择适合自己需要的材料，让学生变成主动的知识建构者，还借助计算机的帮助，开发技术先进的学习系统，让学生突破课堂教学固定的时空限制，开展行之有效的个性化学习，体现了人性化设计；另一方面，新型的立体化教材设计了高效互动的计算机监测系统，既能及时、客观地反馈和评价学生的学习情况，又能方便教师根据实际情况给予学生指导和帮助，帮助学生养成自主学习的习惯，从而使个性化、自主式学习成为可能。

1. 大学英语教材教学设计的目标

教育的发展、社会的进步赋予了学校和教育者更为崇高的使命和更为艰巨的任务，这些使命和任务类型多样，但最终都指向“育人”。教师应认真学习新课标，遵循英语教学的规律，使自身的教学发展顺应时代发展的变化，紧跟英语教学变革的时代潮流。大学英语教学是育人的有效平台，大学英语教材的教学设计必须通过教学自身的改革，以及大学英语教师自身的专业发展，更好地转变英语课堂教学的理念，提升教学质量，以促使英语学科更好地承担起时代和教育发展赋予的“育人”使命。育人是教育的恒久话题，也是教育的神圣使命。从由直接生产过程中独立出来时起，教育以传承人类文明为己任，肩负“促进人类全面发展、驱动社会全面进步”这一崇高而神圣的历史使命。促进人类全面发展、驱动社会全面进步，永远是教育的历史使命。教育固有的神圣而永恒的历史使命为教师准确地进行教育定位奠定了可靠的基础。既然教育的历史使命是促进人类全面发展、驱动社会全面进步，那么，教育就应当是也必须是一项永恒而崇高的育人事业。

英语属于印欧语系，它是当今世界广泛使用的国际通用语，也是国际交流与合作的重要沟通工具，还是思想与文化的重要载体。学习和使用英语对汲取人类优秀文明成果、借鉴外国先进科学技术、传播中华文化、增进中国与其他国家的相互理解与交流具有重要的意义和作用。作为一门工具性与人文性并重的学科，英语学科具有极为丰富的育人价值，如何充分挖掘和发挥英语学科的育人价值理论应成为每位大学英语教师认真思考和实践的重要命题。

英语学科的学习是学生整个学习过程的重要组成部分，意味着英语学科的教学对学生成长、成熟具有重要意义。大学阶段的学生正处于人生观、价值观和世界观的完善时期，也是学生接受人类最新、最高智慧成果而达到某种完善阶段的重要时期。这一阶段的英语教育具有独特而鲜明的价值。促进人的发展、实现育人的功能是当下大学英语教学的核心价值与使命，而且从英语学科自身的性质与发展状况而言，英语教学完全有能力通过自身的变革实现社会与教育发展所赋予的育人使命。

（1）促进学生运用英语。大学英语课堂教学的过程其实就是教师的“教”和学生“学”的过程，学生学习英语的目的就是学会运用英语，英语教学的目的就是帮助学生学会运用英语。在这一过程中，教师扮演指导者、设计者、组织者等角色，而学生扮演行为者的角色。教师应该采用多样化的教学方法来促进学生学习英语，从而达到帮助学生学会英语的目的。在实际教学中，教师应坚持以学生为中心，充分发挥自己的指导作用。“各育人主体只有始终坚持从学生发展的角度出发，而不是以教师或管理者的角度来思考，才能真正形成育人合力，保障人才培养工作的核心地位。”① 教师可以让学生进行自主学习，学生决定自己的学习内容与学习方式，在学习过程中学生由被动变为主动，英语运用水平也会提高。由此可见，在这一教材教学的设计过程中，英语教学的目标十分突出，即帮助学生学会英语。

（2）讲授英语的语言知识。就本质上而言，教师讲授语言知识的过程就是交流的过程，这一过程离不开教师和语言知识；就教学方式而言，教师将英语知识传授给学生，使学生能够学会这些英语知识，这些也成为英语教学的目标；就教学内容而言，教师教给学生许多其自认为是好的语言知识，特别是文学语言知识，并不会考虑这些语言知识是否在

① 郑秀英，崔艳娇，孙亮，等.“以学生为中心”的高校教学督导工作探索［J］. 教学研究，2019，42（5）：44.

实际交际中有用，这是传统英语课堂教学的特点。

（3）提高学生的英语技能。就人际交流层面而言，教学离不开教师和学生。教师在实际教学中把语言作为表达教师与学生关系的一种手段，教师通过训练学生，提高学生的英语技能，也能够达到英语教学的目标。就教学方式层面而言，教师应采用训练的方式来提高学生的英语技能，这种教学方式仍没有脱离传统的以教师为中心的教学模式。教师训练学生的目的就是提高学生的语言技能，需要指出的是，这种语言技能与语言运用能力存在一定的差异，其基础主要是结构主义理论。

2. 大学英语教材教学设计的文化使命

英语作为全世界通用语言之一，在多元文化交融中发挥着重要作用。从本质上而言，英语教学既是语言教学，也是文化教学。大学英语课堂教学的目的是讲授英语语言知识、提高学生的语言技能。更为重要的是，英语教学的最终目的是培养和提高学生的跨文化交际能力，随着多元文化格局的形成，英语在中国对外交流与合作中的地位越来越重要，英语教学的重要性不言而喻。为了适应多元文化的发展，当代英语教学必须注重文化教学。了解英语教学文化目标，对英语课堂教学的发展具有十分重要的意义。英语教学除了注重语言知识和语言技能教学以外，还要注重学生文化能力的培养。因此，大学英语教师要为学生创设良好的文化交流环境，组织文化活动，鼓励学生积极参加活动，并在参与的过程中理解文化的深层内涵，提高自己的文化能力。

（1）合理运用英语表达。母语文化在信息化背景下的英语教学中起着不可替代的作用，学生在学习英语的过程中要注重母语文化的学习和传播。学生在英语学习的过程中，应该能够利用英语来表达和讲述自己的母语文化，并在学习英语的过程中逐渐提高自己的文化表达能力，这是英语教学的目标之一，同时也是英语人才培养的重要层次。随着文化多元化的发展，要想使中国文化在世界范围内广泛传播，就应该注重中国文化的传播。因此，用英语对母语文化进行表达，是中国文化在国际上传播的重要途径。英语是国际通用语言，用英语来表达母语文化可以为文化的国际传播提供保障。在用英语来表达和传播中国文化的过程中，学生的英语能力和水平也会不断提高，同时也能实现中国文化的广泛传播。

（2）深度理解英语文化。在英语课堂教学中，要想理解英语并恰当地运用英语，就必须理解英语文化及深层内核，这是大学英语教学设计的重要目标，也是国家、社会和学校对英语人才培养的必然要求。在英语学习中，学生要想理解英语文化的深层内核，就必须不断提高自己的文化理解能力，只有具备了理解文化的能力，才能更深入地理解和掌握英语文化的深层内核。此外，教师在英语教学中必须注重文化教学，并将理解英语文化的深层内核作为英语人才培养的重要目标，同时还要采取多种方法来提高学生的文化理解能力，这样才能促进英语课堂教学的顺利进行。

3. 大学英语教材教学设计的原则

大学英语教材教学设计育人使命的实现不是自然而然的，没有先进的学科教学理念、没有适切的学科教学方法、没有适应学科教学改革的高素质的英语学科教师队伍就难以生成高质量的英语学科教学，一旦缺少了高质量的学科教学，英语学科育人能力的实现也就会受到制约。因此，明确大学英语的育人价值和使命仅仅是一项基础性的工作，更为重要的是，要通过系统的改革更好地提升英语学科育人能力的提升。育人是一项系统的工作，教育教学改革也同样如此，改革的过程涉及诸多的影响因素，也需要解决大量的现实问题。推动英语学科教学育人能力的提升，最为重要的落脚点应该有两个：一是大学英语学科教学本身的改革，特别是教学理念、教学方法、教学内容等学科教学核心维度的改革，是提升英语学科育人能力的重要前提和基础；二是英语教师专业素养的提升，特别是教师理念与意识的更新和研究探索能力的提升，是提升英语学科育人能力的重要保障。

（1）促进英语学科教学的改革。对于大学英语教学改革而言，教学目标的改进也同样重要。信息化背景下大学英语“知识与技能、过程与方法、情感态度与价值观”的“三维目标”是对传统教学目标的一种根本性变革。时至今日，“三维目标”已经深刻地影响了教师的课堂教学行为，为设定当下的大学英语教学目标提供了基本的维度和框架。教师应该以此为基础，着眼于人的发展，从培养学生指向未来社会的幸福生活的角度制定更为多元化的教学目标，帮助学生实现全面的发展，也为他们今后更好地走向社会、融入社会，并在更为广阔的空间中实现自己的价值奠定坚实的基础。

（2）完善英语教师的专业发展。教师是教育教学改革的直接执行者，也是学科教学质量的最终决定力量。如何提升教师的专业素养，不断推动教师队伍的专业化建设一直都是教育主管部门和学校的重要工作，教师专业发展也同样越来越成为教师的使命与追求。任何好的教学理念都需要通过教师的劳动进行落实，任何好的教学方式都需要通过教师的劳动进行实践，教学领域中的任何改革都不能缺少教师队伍专业素养的提升。因此，要使大学英语教材的教学设计更好地承担时代与教育赋予的育人使命，除了需要英语学科教学自身的变革与创新之外，还需要以英语教师的专业化发展作为保障。

教师专业发展问题的思考以及专业发展方式的构建，应充分考虑教师工作的性质、教师工作的区域、教师个人的需要等多方面的因素。从目前我国大学英语教师队伍的现状来看，教师的专业知识与学历条件等已经不再是困扰教师专业发展的关键性问题，大学在推动教师专业发展的过程中将更多的精力放在了教师专业能力，特别是教育教学能力的提升之上，这也就在很大程度上提升了教师的专业能力，教学基本功也不再是困扰大多数英语教师的问题。

4. 实施多样化的大学英语教材设计

（1）提高大学英语课堂教学的兴趣

兴趣在大学英语教学中发挥着至关重要的作用。因此，教师应意识到兴趣的重要性，调动学生的兴趣可以通过以下方法实现。

第一，深度挖掘教材内容。教材是教师开展教学活动的主要辅助性工具，教材中涉及丰富、系统的知识，教师在备课过程中需要将教材中可以引起学生兴趣的内容挖掘出来，这样学生在学习时就能感受到无限的乐趣，也就更加愿意学习。例如，教师可以为学生创设英语教学情境，将师生在日常生活中的问候对话运用到课堂上，使英语教学变得日常化，这些简单、熟悉的对话能让学生产生共鸣，只有在熟悉的场景中开展英语对话，学生才能放松心态，其英语应用能力才会有所提高。

第二，尊重学生的主体地位。认清教育的本质并了解教育是一种主动的过程，教师也应该意识到英语课堂的主体是学生，只有学生主动、自觉地进行英语学习，英语教学才能取得不错的效果，而学生的英语学习能力才能有所提高。基于此，英语教师要在总结学生生理与心理特点的基础上，在剖析与遵循英语学习规律的前提下，采用多样的教学方法激发学生的学习兴趣，让学生主动学习、主动参与英语实践互动。

（2）提高大学英语课堂教学的系统性

大学英语教学本身就是一个复杂的系统，包含非常多的内容。因此，在教学过程中，教师要清楚英语教学过程需要循序渐进，只有从整体出发，在把握系统性原则的基础上才能够保证英语教学的有序性。教师需要做到以下方面。

第一，按计划安排教学内容。英语教学内容的安排并不是随意进行的，它需要教师按计划进行。教材的编排从一开始就确立了其系统性，编排者在总结教学规律与学生学习规律的前提下编排教材，为教师与学生提供了一个鲜明的结构层次。换言之，教师根据目录结构编排内容，本身就遵循了一定的教学规律。在英语教学过程中，教师对于生词和新的语法不需要一次性地讲解给学生听，而是要一步步来，由浅入深，这也是系统性的展现，而教学内容的安排需要以教学的系统为指导，内容安排才会更加科学、合理。

第二，系统指导学生学习。学习活动虽然琐碎，但是如果从宏观上来说，任何学习活动到最后都具有一定的系统性。因此，教师要帮助学生进行连贯的学习，让学生可以从系统的角度构建自己的英语知识结构体系。教师一定要有恒心，不仅在课上要时刻对学生的学习做出合理的安排，而且在课下也要对学生的学习做出恰当的安排。

(3) 提高大学英语课堂教学的灵活性

第一，教学模式灵活性。人类已经步入信息时代，信息技术的发展为英语教学模式创新提供了技术支持，多媒体教学、翻转课堂教学、移动课堂教学等新的教学模式不断涌现，让大学英语课堂教学变得更加丰富，改善了学生的学习情况，不仅能够丰富学生的学习内容，还能够为学生提供更加多样的学习形式。在互联网的支持下，学生的学习活动相对变得比较容易，教师利用互联网下载音频、文字、视频等资源，为学生营造多样的学习环境，通过对学生进行多感官刺激，让他们找到自己喜欢的教学方法，从而调动其英语学习的热情。基于大学英语教学改革，学生在学习活动中的角色也发生了明显的变化，学生不仅是自身学习任务的设计者，而且是学习活动的合作者与评估者。

第二，评价方式灵活性。例如，教师可以将形成性评价与终结性评价结合起来，评价也应该有所侧重，要将文化知识及应用等相关内容纳入评价对象体系。在这里，需要注意的是评价应该是从多个层面展开的，教师不是评价的唯一主体，学生也要参与评价，可以是对自我的评价，也可以是同伴之间的评价。学生之间的互评不仅能让学生通过他人角度了解自己的学习情况，而且能加强彼此之间的联系，维护关系的和谐。由此可见，多种多样的评价方式可以让学生置身自由、和谐的学习氛围中。

相对而言，面试可能增加符合大学英语的特点，教师与学生可以面对面地直接交流。但无论使用任何一种方式，教师都要从学生的实际情况出发，在了解学生的学习情况与个人特点的基础上选择合适的评价方式，以保证评价的科学性、合理性。

总而言之，纵观新的大学英语教材，能够发现大学英语教材建设与时俱进，教材的指导思想、教学目标、选材内容、设计体例和载体形式都随着时代的变化而不断进步，尤其是近年来教材开发出现了立体化、网络化、数字化的发展趋势，为实施大学英语教学的更好实施提供了必要的条件和保障，在一定程度上也起到了引领大学英语教学改革的作用。

二、信息化背景下大学英语教材的发展

(一) 大学英语教材的特色发展

经过多年的不断改进，当前国内应用的网络英语教材精彩纷呈、各具特色。总体而

言，与传统的纸质教材相比，大学英语网络教材具备以下主要特色。

第一，实现了教材无纸化。无纸化教材的实现不仅提高了教材的使用效率，极大地节约了木材资源，保护了环境，还能极大地提高教材的更新速度、更新效率以及更新成本，是教材史上一次里程碑式的革命。

第二，网络教材的人—机对话不仅能够培养学生的自主学习能力，网络教材中对课程内容有充分的讲解，在很大程度上替代了教师的角色，让学生体验在没有教师的环境下自主学习，不仅提高了学生的学习主动性和自主性，还提高了学生学习的积极性。

第三，自主测试、评估。网络教材配备了试题库，能够做到自由组卷，实时客观题判卷，生成成绩单、学生测试情况分析报表，给教师提供了非常有效、方便的教学评估工具。教师通过单元测试可以了解学生的学习状况，快捷方便；学生通过自我测试可以了解自己的真实水平，而且可以立即知道正确答案，便于迅速掌握正确知识。

第四，师生可以跨时空交流。师生之间、学生之间脱离时空限制而相互交流是构建主义提倡的教学方式。网络课程平台提供了交流平台，为交际教学法等多种英语教学方法提供了有效的教学应用平台。

第五，学习资源多样化。多媒体技术的发展实现了音频、视频立体化，提供了全方位的信息刺激。网络教材提供了丰富的多媒体教学资源，包括文本、音频、视频、图形图像等教学资源。另外，多媒体技术的运用，如动画技术使得网络英语教材更加形象化，增加了学生学习的乐趣。

第六，学习过程可记录、监控，这是网络技术的优势之一。通过记录学生的学习过程，学生可以检查自己的学习进度；教师能检查、监控学生课后学习情况；学校能了解全校师生的教学使用情况，适时地对教学状况做出评估。

第七，实现教学模式的变革。网络教材的功能使英语教学由单纯的课堂教学模式向自主学习、协作学习、模块学习等教学模式转换，能成为构建主义、交际法、认知主义、行为主义等英语教学理论的实践平台。

（二）大学英语教材的发展趋势

从近年来各大出版社更新英语网络教材的内容和市场上各类英语网络学习平台的产品，可以展望大学英语网络教材的一些发展趋势。

第一，系统稳定。稳定的系统是各学校层面用户的首选要求。稳定的系统对学校而言，不仅仅是易于维护，还在于能增加师生使用网络教材的信心和兴趣，需要优先考虑的问题是如何保障信息化背景下大学英语网络教材系统的稳定性。

第二，便于操作。友好、人性化的操作界面能增加应用者的认同感。网络教材对应用者而言应该简单易学、操作方便，能够极大地提高应用者的学习应用兴趣。

第三，教学评估功能强。充分发挥计算机的统计功能，精确统计学生、教师学习应用网络教材的情况，给学校各级管理层提供及时精确的评估数据。

第四，开放性。各校的学生层次、学科方向皆有不同，不可能有一套能够完全满足所有高校要求的通用教材。因此，信息化背景下的大学英语教材应该让各校教师根据各自特色进行二次开发，增加各学校特色内容，同时网络教材的特色也能够容易实现这一要求。

第五，教学资源丰富。各单元课程内容符合场景、构建等教学理论。此外，网络教材具有与教材各单元知识相关的丰富素材背景资源，给师生更多的知识扩展空间。

大学英语教学改革是我国大学教学改革的先期探索，而作为大外教改重要组成部分的大学英语网络教材是我国高教首批进行建设的网络教材。作为高校网络教材建设的里程碑，其应用与发展及其所积累的经验将为大学其他各学科的教改带来深远影响。

（三）大学英语教材的全新开发

开发和出版网络教材是当今信息时代大学英语教材建设的必然趋势。大学英语网络教材有自己的特点，应将计算机网络技术与大学英语课程进行全面整合，充分发挥现代信息技术的功能，以期更好地满足大学英语改革的要求。

在当今信息化时代，新的大学英语教材的开发与编写，应将计算机网络技术与大学英语课程全面整合，全面把握学生的学习动机、学习需求和学习心理等因素，建立一个总体的教学过程模式，指导整个教材的设计。新的大学英语网络教材将听、说、读、写、译融为一体，是一个综合性的大学英语教学系统。

新的网络教材的开发应有理论基础，应该本着兼容并包的态度，创造性地采用有关语言学习理论、二语习得和教育心理学等理论的一些基本教学方法和策略，形成一套符合我国大学英语教学实际的学习和教学策略，其中包括行为主义心理学对句型练习、语言模仿的强调，学习理论和认知主义心理学中重视学习主体的语言信息处理过程的方法。交际法以学生为中心，注重语言交际中的有效性的思想、建构主义任务型学习活动的参与和语法翻译法的合理成分，如教学中适当的母语参与，在语言学习活动中可以产生语言习得的正迁移作用，也为学生的语言输入提供认知导向作用。从我国大学英语教学的实际出发，综合运用各种教学理论，总结我国大学英语教学的独特经验，编写和出版符合我国大学英语教学实际的网络教材。

在新的大学英语网络教材的编写上，要注重语言有意义的信息输入，尽可能地实现学生对同主题语言输入信息形式多样的认知、模仿、交流和有意义地开展语言实践活动，逐渐让学生形成以听说能力为重点的英语综合运用能力；要充分利用计算机技术创设出适合内容的语言环境，以便增强课文的讲解效果，既解释疑难，又唤起学习热情，提高学生的学习兴趣；可以充分发挥网络教材易于变更的优势，经常变更教材内容并及时地变化和更新能使整个教材与时俱进，更加先进、灵活，符合实际和具有可操作性。新的网络教材要充分利用计算机网络技术进行广泛、个性化的语言体验活动，个性化学习、情境化学习、自主化学习、协作化学习应贯穿其中。

新的网络教材要以语言的有声交流为起点，进行有意义的语言信息输入、多种形式的互动交流学习，循环利用各种教学手段，以期培养学生较强的听说能力和英语综合运用能力。大学英语教学改革要求进行个性化的教学，新的网络教材的开发应体现个性化的教学理念。教材的个性化与教学大纲密不可分，英语教材从“一纲一本”到“一纲多本”，是一个很大的飞跃，但“一纲多本”很难做到教材的个性化。不管哪个版本的大学英语教材都是以一个大纲为指导，词汇、语法、结构、功能意念等都不可能超过大纲规定的范围，只是编写形式有所不同。大纲本身的不足会在教材中反映出来，编者很难跳出原有的框架，编写出个性化、有特色的教材。高校开发个性化的大学英语网络教材，课程设置应转向“多纲多本”。国家大纲由政府和教育行政部门进行编制；地方大纲在国家大纲的指导下，根据地方特点组织编制，在一定的区域内实施，符合本地区英语教学的实际需要；学校大纲由学校按国家大纲、地方大纲的规定而自主制定。在确定了各级大纲后，可根据国家大纲、地方大纲和学校大纲提出的不同要求，组织大学英语教学的专家和有关人员编写个性化网络教材。只有在多种大纲的指导下，才能开发出符合学生培养实际需要的个性化教材。

第二节　信息化背景下大学英语教材的形式与特点

大学英语课程是我国各高校所有非英语专业本科生必修的基础课程，每年都有很多大学生必须学习高校英语课程。大学英语课程有着推广和普及英语语言文化知识、增强交际能力的作用，而且高校英语课程所选择的课程内容有着深厚的文化底蕴，因此，它在一定程度上对我国高校学生整体素质的提高起到了积极的作用。

大学英语课程为社会提供具有英语应用能力的人才，“以学生为中心，尊重学生的主体地位，培养学生的主动参与意识和自主学习能力”成为重点之一，这有利于培养大学生的个人与合作意识。高校英语课程的教材具有深厚的人文底蕴，对英语的学习和使用会促使学习者主动学习文化知识，并有利于激发其民族自豪感和爱国情操。

大学英语课程为学生个体提供交际的对象、环境。在课堂中，学生和学生、学生和教师以学习英语语言为目的进行交际。在英语课堂中建立的人际关系，还可能延续到课堂以外。例如，学生与学生、学生与教师在大学英语课程中交流，进而成为好朋友。此外，大学英语课程的内容是英语语言文化知识，它是有别于母语的另一种交际手段。有了这种交际手段，学生的交际面也得到扩展。在语言学习的过程中，大学生的交际能力也会相应地得到提高。

一、信息化背景下大学英语教材的形式

网络出版是互联网信息服务提供者将自己创作或他人创作的作品经过选择和编辑加工，登载在互联网上或者通过互联网发送到用户端，供公众浏览、阅读、使用或者下载的在线传播行为，作品主要包括已正式出版的图书、报纸、期刊、音像制品、电子出版物等出版物内容或者在其他媒体上公开发表的作品以及经过编辑加工的文学作品、艺术和自然科学、社会科学、工程技术方面的作品。网络出版作为是一种全新的媒介，迎合着出版产业多元化，不拘文本的信息服务。网络出版的英语教材在信息化背景下的大学英语教学中有以下三种出版形式。

第一，电子课本。教师和学生利用个人电脑在线下载所学的网络出版课本，如北京英语教学与研究出版社网络版的《新视野大学英语》课本和上海英语教育出版社网络版的《大学英语》课本，出版者将已数字化的课本内容发布在其网站上。学生和教师使用联网的计算机，有偿或无偿地在线学习或下载资料、做电子笔记。

第二，电子阅读图书。出版者将英语的图书内容制作成电子文本，如英语词典、英美文学、英美报纸等在网上发行，电子书一般为 32 开本，在外观上与传统书籍相近，符合学生的纸质阅读习惯。学生可以付费下载，离线阅读，教师能向学生提供一种动态的立体信息组合，并可以通过超链接加入相关的各种知识和信息。

第三，测试与评分。在大学英语教学中，网络出版还包括了测试与评分。利用网络试题库提供的试题，学生可以在学校局域网上进行测试，可以组织教室同步测试，教师可以

根据教学进度和学生学习英语的情况自主选择单元、题型、测试的时间等。

二、信息化背景下大学英语教材的特点

信息化背景下网络出版是信息时代计算机技术、通信技术和网络技术发展的产物，网络出版的教材不仅是出版工作技术上的延伸，更重要的是知识的传授手段、教学理念与教学模式的改变。信息化背景下大学英语网络教学的时效性、共享性、交互性和个性化特点在大学英语教学中占有很大优势。

第一，信息化背景下网络版的大学英语教材丰富了教学内容，有利于情景教学、激发学生的学习兴趣。网络出版的教材将图像、声音、文字有机地结合在一起，使教学资源丰富且形象生动，增强了学生对所学教材的热情，使学生由被动学习向主动学习转变，进而形成以学生自学为主的学习模式。使用网络教材授课，教师更多的是一个管理者和引导者。

第二，信息化背景下网络版的大学英语教材的教学内容能充分、有效地照顾学生个体的学习需求。新的教学模式应以现代信息技术，特别是网络技术为支撑，使英语教学不受时间和地点的限制，朝着个性化学习、自主式学习的方向发展。网络版的《新视野大学英语》教材满足了这一要求，利用网络教学资源，教学可以随时随地进行，教师可以利用屏幕及影音广播功能，将教师机屏幕、影像、声音、音乐等信号广播给某一个学生或全体学生。通过网络，教师可以解答学生的问题，还能对学习差的学生进行个别辅导。学生在学习的过程中也有充分的灵活性，可以选择自己方便的时间和地点，也可以有选择性地购买学习资料，制成适合自己需要的个性化学习材料。

第三，网络版的大学英语教材向教师提供了丰富的高质量的电子教案。电子教案可以及时资源共享，还可为教师提供不同版本、内容丰富、涉及面广的资源。教师还可以选择性地应用并修改，融入自己的教学理念。

第四，网络版的大学英语教材有利于学生创新能力和自主学习能力的培养。网络版的英语教材内容以学生为中心，以学生的自主学习为主，不受教师的主宰与课堂限制，建立平等互助的师生关系。

（一）信息化背景下英语教材的个性化特点

1. 学生多元智能的培养

人们在编写教材时总是根据大纲要求应用适当的词汇量，选择有利于开发学生智能的

文章，并编配练习题，教材的编写大多考虑的是以开发学生的学习智能为主要目标。一般认为，人的智能是较为单一的，多数情况下与特定知识的学习有关。因此，人们在个性化教材编写时重视的或比较重视的是课文的内容须与学生开发学习的智能相联系。然而，随着人们对人的心理和学习行为的深入研究，发现人的智能应该是多元的。多元智能理论是一种关于人类智能结构的理论，这一理论认为人类思维和认识的方式是多元的，因此人类较为成熟的多元智能包括言语语言智能、数理逻辑智能、音乐韵律智能、空间视觉智能、身体运动智能、人际沟通智能、自我认识智能以及自然观察智能。这里应该指出的是，这里的“多元”实际是一个模糊开放的概念，构成多元智能的“元素”数量可能随着人类的不断认识而不断增加。

多元智能理论对智力的定义和认识与传统的智力观是不同的。智力是在某种社会和文化环境的价值标准下，个体用以解决自己遇到的真正难题或生产及创造出某种产品所需要的能力。智力不是一种能力而是一组能力，也不是以整合的方式存在而是以相互独立的方式存在的。多元智能中的八种智能具体如下。

（1）言语语言智能。这主要是指人对语言的掌握和灵活应用能力，其突出特征是善于用词语思考，用多种不同的词语或方式来表达复杂的意义。

（2）数理逻辑智能。这主要是指对逻辑结果关系的理解、推理、思维表达能力，其突出特征是善于用逻辑方法解决问题，对数字和抽象模式具有较强的理解力。

（3）音乐韵律智能。这主要是指个人感受、辨别、记忆、表达音乐的能力，其突出特征为对环境中的非言语声音，包括韵律和曲调、节奏、音高、音质表现出敏锐的感觉或感悟力。

（4）空间视觉智能。这主要是指人对色彩、形状、空间位置的正确感受和表达能力，其突出特征为能正确感知视觉世界，容易产生思维图像，有较强的三维空间思维能力，善于辨别感知物体之间的联系。

（5）身体运动智能。这主要是人的身体的协调、平衡能力和运动的力量、速度、灵活性等，其突出特征为善于利用身体交流和解决问题，能熟练地进行物体操作以及开展需要良好动作技能的活动。

（6）人际沟通智能。这主要是指对他人的表情、说话、手势动作的敏感程度以及对此做出有效反应的能力，其突出特征为善于观察自己、体验他人的情绪或是情感并做出适当的反应。

（7）自我认识智能。这主要是指个体认识、洞察和反省自身的能力，其突出特征为对自己的感觉和情绪敏感，善于了解自己的优缺点，用自己的知识来引导决策和设定目标。

（8）自然观察智能。这主要是观察自然的各种形态，对物体进行辨认和分类，能够洞察自然或人造系统的能力。

2. 教学大纲的设置

要实现教材的个性化，课程设置应该向“多纲多本”的方向发展。

第一，“多纲多本”的编写要有正确的指导思想。①课程内容必须精要，尤其是英语的基础型课程和规定性科目，学科内容的选择和确定必须考虑所选定的内容是否为学生所需要的基本知识；②课程必须有选择性，并且在结构上要考虑让不同学校的不同学生根据自身的特点和目标要求来选取相应的内容，同时合乎社会对未来人才多规格、多层面的实际需要；③课程必须引进现代教育技术，要重视信息科技对教育的革命性影响，使课程内容和实施渠道与时代发展同步。

第二，课程大纲的设计和管理可采取多层次、多等级的模式。课程大纲的设计和管理可分为国家课程大纲、地方课程大纲和学校课程大纲三种，实施分级管理体系。国家课程大纲由政府和政府授命的教育行政部门组织编制，供学校统一实施，地方课程大纲在国家课程大纲的指导下，根据地区经济、文化等发展特点进行编制，它可以是在一定区域内实施的课程大纲。地方课程大纲要体现充分开发利用和盘活地区教育资源的存量来发展学生的素质，以克服当前教育资源相对短缺及教学大纲互不衔接的矛盾。地方课程大纲还要能体现英语教育“分类指导”和“分层次要求”的原则，符合本地区英语教学的实际需要。学校课程大纲是由学校按国家课程大纲和地方课程大纲的计划规定而自主开设的课程。学校可按课程计划结合本校学生发展的实际水平与趋势，自主设置具体科目，实行本校管理，以利于办出本校特色。

第三，在确定了各级课程大纲后，教科书的编写就有了理论上和政策上的依据。各地区可以根据国家课程大纲、地方课程大纲和学校课程大纲提出的不同要求，组织英语教学专家及有关人员编写有特色的个性化教材。在多种大纲的指导下，使用多种不同的个性化教材，更能使英语教学符合学生培养的实际需要，促进区域性的英语教育事业的发展。

3. 地方化教材的编写

目前，在各高等院校使用的大学英语教材基本上就是由教育部推荐的四家出版社（外研社、外教社、高教社、清华大学出版社）编写的教材，这些教材基本上体现了当今英语教学的理论和方法，都朝着综合性、立体化的方向发展。

高校组织地方院校的一线教师一起编写教材，有这样三方面的优势：第一，地方的教师熟悉本地区的学生情况，如学生的英语水平如何、学习难点何在、教学条件如何等；第二，教师通过教材的编写，能加深了解当代英语教学领域中的理论发展情况，使地方化教材融合恰当的英语教学理念和方法，促进地区英语教学的发展；第三，由于地方化教材的编写较为符合本地学生和教学环境的实际需要，学生能用上适应其个性发展的教材，教师能根据学生的情况有选择地进行教学。因此，从此意义上而言，英语教材地方化更能突出和体现教材的个性化、教学的个性化以及学生发展的个性化。

（二）信息化背景下英语教材的立体化特点

1. 大学英语教材立体化的出版发行

（1）大学英语教材立体化的出版发行优势

大学英语立体化教材以现代信息技术为依托，以网络技术、自主学习、多媒体教学为辅助工具，使英语教学朝着个性化、主动式学习的方向发展。各出版社纷纷使出绝招来占领市场，它们都体现了各自的优势。《新视野大学英语》推出了由光盘、纸质教材及网络课程组成的立体英语教学系统，旨在创建多元、立体和便捷的语言环境，帮助学生巩固知识、提高能力。而上海英语教育出版社则强调品牌和内容，出版的《全新版大学英语》实施网络、教辅配套、在线考试、课程评价“四位一体”的综合教学平台计划战略。

立体化教材作为实施新教学模式的基本条件，已成为新一代大学英语教材的基本范式。新媒体技术支持下的立体化教材，在教学内容呈现方面除传统的纸质教材外，还有光盘、电子教案等多种载体；在教学资源上，除传统的练习试题外，还有供学习用的英语电影等影像资料。演示方法也是多种多样，既有幻灯片形式，也有动画、视频及网络文本链接形式。

（2）大学英语教材立体化的出版发行策略

第一，利用新媒体信息技术的发展趋势全面服务大学英语教学。新媒体环境在给大学英语立体化教材的出版发行带来挑战的同时，也使其迎来了数字出版的良好机遇。作为信息时代的产物，网络在信息交流、信息传递、信息共享上享有绝对的优势，而搜索引擎的飞速发展对英语教材的影响更是巨大的。使用者上网搜索可以找到对任何一种英语语法的解释以及文章的翻译，这令读者对纸质教材的依赖更加弱化。数字化教学产品生产技术的日臻成熟给大学英语立体化教材带来了转机。目前，国家对数字技术极其重视，并加大了资金投入。新媒体信息技术的发展使教学产品的成本降低，出版社应当抓住机遇，专注为客户提供个性化、立体化的教学服务。为顺应这一趋势，占领大学英语教材市场，出版社要更新经营理念，充分利用优势资源和先进技术创新数字教育产品，促进教学改革和发展。英语教学与研究出版社在这方面的经验值得借鉴，它们以推动科研、服务教学、回报社会为宗旨，充分发挥信息技术的优势，最新力作《新视野大学英语（第二版）》教材为大学英语创造了多元、立体、便捷的语言学习环境，受到广大高校师生的青睐。

第二，面向市场，以质取胜。大学英语立体化教材的出版发行要实行可持续化的发展，教材编写要遵循出版规律并充分考虑大学英语教学过程的优化，注重教学内容、模式和方法的创新，突出科学性、实用性、趣味性和工具性。出版社除了要高薪聘请大学英语方面的专家和学者，亲自把关教材的体例设计和内容选材，还要吸引一些优秀的一线大学英语教师参与其中。此外，有关部门还要设立完善的教材质量监督机制，如对于一些在教学实践中反映不好的教材与教辅，要及时进行整改。

第三，建立多层次、多渠道、多形式的大学英语立体化教材发行体系。在发挥传统的教材发行渠道优势的同时，也要积极地利用新媒体的优势开通新的发行渠道。信息化背景下应该加大网络营销和监督的力度，让学生和教师都可以在网上对各出版社的教材进行评价，这不仅可以扩大发行途径，还能促使出版社改进教材的编写质量。近年来，英语教学与研究出版社和上海英语教育出版社在建立多层次、多渠道、多形式的大学英语立体化教材的发行方面取得了一些成就。为了营销教材，它们除了定期参加每年的大学英语教学研讨会，还举办大型的电视英语演讲比赛等。英语教学与研究出版社在每一个省市都有固定的教材发行站，保证了教材发行渠道的畅通。

信息化背景下扩大大学英语立体化教材发行还有很大的潜力，如腾讯QQ、新浪微博、微信等方式都大有用武之地。出版社可以利用这些新媒体工具拉近和教师、学生之间的距离，最重要的是出版社一定要建立起自己稳定的教材营销体系，并管理和经营好该体系。

信息化背景下大学英语立体化教材不只是简单纸质教材加自学课件和软件的形式，而是依赖新媒体信息技术的教学系统，更多地突出为广大高校师生教学与科研服务的功能，这是未来大学英语立体化教材出版发行的趋势。出版社在把握新媒体环境下出版发行数字化进程和英语教育传播规律的基础上，要发挥自己的优势，抓住机遇，采取多元化的策略以应对各种挑战。

2. 大学英语教材立体化的创新开发

（1）大学英语教材立体化的开发新思路

教材立体化的开发新思路要求在做好传统的教材立体化开发的同时，尤其重要的是要做好以下方面的工作。

第一，提供新的服务（过程）。提供新的服务，包括新兴的电子出版物（如电子教案、演示文稿、操作、动画等）、网络论坛（选题论坛、组稿论坛、教材使用论坛等）、网络资源库（相关网址、教学资源、补充资料、教学计划和教学大纲的网络版等）、网络课堂（示范教学、网上学习等）、网络社区（服务教学的各种信息交流、可用教学资料和学习资料的下载等）、电子杂志（刊登优秀的教学论文）等。

第二，提供新的活动（工作）。提供新的活动是针对教材开展多方面的工作，包括举办培训、培训师资、开展教学研讨、推广教材等。

（2）大学英语教材立体化的开发新模式

第一，光盘版教材+网络版教材。光盘版教材和网络版教材有纸介质教材不可比拟的优势。光盘可以存放大量的信息，可以将纸介质教材不能涵盖的内容做成资料库放在光盘中，以满足教材使用者对大量信息的需求。光盘版教材不仅是纸介质教材的数字化，而且是提供比纸介质教材更多的信息。网络版由于其实时更新、动态反馈和互动性，可以将新知识、新材料、新工艺、新技术及时发布到网络版教材中。同时，数字化的信息可以通过网络立即向外传送。

第二，电子教案+光盘试题库+网络资源库。电子教案给教师的备课提供了极大的方便，教师只需要根据现有的电子教案，结合实际教学和自己的教学经验，添加或减少一些内容就可以形成自己的教案。光盘试题库为教师提供了方便的出题手段，教师只需要在试题库的软件中根据要求输入相应的条件，就可以组织出一套完整的试题，然后根据自己的需要进行编辑修改。光盘试题库的使用，还有助于统一各地的教学水平。网络资源库可以将网上的可用资源介绍给教师，教师根据给出的网络资源地址，可以方便地找到自己需要的教学信息。

第三，教学杂志+电子杂志。服务于教材宣传和推广、交流教材使用方面经验的教学杂志，在为教材服务方面起着重要的作用。教学杂志为从事教育教学的教师提供了一个发表自己见解的园地。电子杂志有着纸介质杂志不可比拟的优势，它容量大、即时出版，为广大教育工作者提供了更广阔的发表自己见解的空间。

第四，网络课堂+网络社区+论坛。网络课堂可以根据纸介质教材，组织开展网络教学。教师和学生在学习纸介质教材的基础上，可以随时登录网络课堂，从而利用本地或本校不能提供的其他学习资料和学习方式。网络课堂的内容和方式可以灵活多样，可以收费也可以免费，辅助于教师教学和学生学习。

网络社区可以将使用同一纸介质教材的人们集中到一个虚拟空间，从而进行交流和沟通，进而了解彼此间的情况，互相帮助和提供自己所掌握的信息，以及自己使用教材的技巧。不同的使用者会在网络社区中找到团体的认同感和归属感，从而成为教材最忠实的支持者。在网络社区中还可以开辟多个论坛，以便于教材使用者之间以及教材使用者和教材开发商之间就教材进行交流，探讨对教材的意见和建议，以及发现教材的不足和谬误。教材开发商可以通过论坛了解教材方面的第一手资料，从而为教材的修订和新教材的开发提供强有力的依据。在网络社区中，还可以设置免费下载和收费下载专区，提供教学大纲的实时修订版本，以利于教学的组织和实施。

3. 大学英语教材立体化的应用模式

立体化网络教材的出版使大学英语教学正在向着超文本化的多媒体网络教学方向发展。自主、合作、模块学习三元互补的教材应用新模式，可以在现有条件下加快优秀教材的推广，使其作用得到最大限度的发挥，有效提升教学效果。为了使优秀的教材和教学系统中教师、学生、媒体等其他教学要素之间相互联系、相互作用下得到最大限度的发挥，在现有条件下加快优秀教材网络应用的推广，教师可以尝试建构自主、合作、模块学习三元互补的大学英语立体化网络教材应用新模式，即依托新世纪立体化的多媒体教材，实施教师指导、监控学生在网络环境下自主学习，教师指导、组织、评价下的同学间合作学习和教师主导、师生交互以及计算机辅助下的模块式语言学习三法并用，各占一定的比重，分别有所侧重并形成优势互补的教材使用新模式，具体包含以下方面。

（1）网络环境下的自主学习。网络环境下自主学习的好处无须赘述，《大学英语课程教学要求》多次提到“课程设置要充分体现个性化，考虑不同起点的学生，教学模式应朝个性化学习、自主式学习方向发展，要确立学生在教学过程中的主体地位，应能使学生自主选择适合自己需要的材料进行学习”。个性化自主式学习的理论根据是建构主义，建构主义理论强调学习者如何在自己的思维中构建知识，强调在处理学习任务时每个人使用不同的个人构建方法，不同的人用不同的方法构建。就语言学习而言，学习者需要清醒地了解自己的个人构建，以及个人的学习过程。推行这一学习方法的一个重要结果是有必要创建对个人有意义的学习环境和学习材料，学习者应当构建自己的学习空间。在大学英语教学中，要尊重学习者自己的学习风格和学习策略，每一种学习风格、每一种学习策略都能获得较好的学习效果。教师应尊重学生的选择。

大学英语自主学习模式是以建构主义学习理论为指导，以现代信息技术为手段，使英语教学符合认知的发展规律，又具有人性化。多媒体和网络技术的运用可以营造良好的语言学习环境，让教师少教、学生多学，使英语教学更富有成效；同时，该模式真正确立了学生的主体地位，尊重学生的个性品质差异、知识基础差异和兴趣爱好差异的客观存在，并重视教学的个别化问题，注重学习的过程评价，利用智能的测试分级体系和允许学生自定步调、自主进入“较高要求”的课程学习，有利于消除学生学习成绩的两极分化、尊重每一个学生的个性差异和学习风格，客观上为学习者的人格独立与自由创造条件。自主、合作、模块三元互补的立体化网络教材应用新模式仅要求在自主学习板块每周给学生提供一定时数的网络自主学习机会，在教师的指导和监督下，学生既可以使用多媒体教学软件来完成口语和听力训练；也可以自定步调，自己选择学习内容，从而掌握语言知识和语言规则；还可以利用网络查资料、读文献、做调查、写报告，进行英语综合能力的培养。这种模式不但有利于发挥和促进学生自主学习意识和能力的培养，其好处还在于将学生网络学习时数合理地减少，会使学生的学习目标更明确、安排更紧凑、效果更明显，能够使更多的学生利用到现有资源，有利于资源的合理配置和有效利用。

（2）以强调平等与合作为特点的合作学习。教师一方面强调个性化自主式的学习，另一方面也要求学习者与他人协作。除自主学习板块外，该模式还应安排一定的时段，尽量缩小班额，结合视、听、说教材的内容，让学生明确合作学习的任务，然后合理构建合作小组，通过小组讨论、课堂合作会话练习、戏剧表演角色表演、课堂辩论、小组调查等多种形式帮助学生形成语言运用的基本技能。教师发挥指导、组织、评价的作用，这不仅是新课程改革和新教学模式探索的需要，同时也是培养学生与人合作、交流能力的需要和培养新型英语创新人才的需要。英语作为一门以训练学生交际能力为主要目标的学科，在教学中开展小组合作学习就显得尤为重要。

合作学习的理论已经在实践中得到了很好的验证，它以教学中的人际合作与互动为基本特征。合作学习方法可以促进学习者解决问题的能力，因为学生所面临的环境可以有种种不同的解释。同伴支持系统使学习者有可能同时内化外部知识（如同伴的知识）和批判性思维的技能（如对同伴的各种理解进行评估），并将这些知识和技能转换为智力。在合作式的学习环境下，学习者得以在语言学习中互动和互相支持，建立以互动和架构为特征的公众空间。

总而言之，合作学习作为一种以强调平等和合作为鲜明特点的活动型教学模式与当前我国的教改思想不谋而合，并且符合语言习得的规律，能够，而且应该运用到大学英语的教学当中。

（3）吸收传统课堂教学优点的模块学习。多媒体网络自主学习和合作学习最有利于培养学生的听说和阅读能力，而课堂教学则有利于阅读、写作和翻译技巧的讲解。面对面的授课也更有利于师生的情感交流。在学生开展自主和个性化学习的同时，要注意师生和生生之间的沟通与协作，而且应加强教师对学生的监督指导。具体而言，就是将每一册读写教材按单元分成模块，以课文主题为组织模块学习的核心，将材料安排在同一主题的统筹下，使主题词汇和语言表达反复重现、循环印证，强化语言学习的记忆和保持度，促成长期记忆；同时贯穿阅读、写作和翻译技巧的讲解，以此培养学生的综合运用能力。该板块不需要网络教室，每个教室有一台微型机和一台幻灯机用以辅助教学即可满足教学需要，可以缓解立体化网络教材推广给校方带来的资金方面的压力。

自主、合作、模块学习的大学英语立体化网络教材应用新模式若能够在教学实践中加以验证和推广，能够进一步加快信息化背景下现代教育技术在大学英语教学中的应用和实践，使各立体化网络教材包括教学模式在内的整个网络化立体式教学体系得到有效的实施和推广，以惠泽更多的大学英语学习者。该模式既能增强英语教学效果，提高英语学习效率，又能使学生的英语语言能力、与人协作能力和自主学习能力同时得到提升，促进学生的整体发展、全面发展和个性发展。

第三节　信息化背景下大学英语教材的资源与机制

网络教学资源是通过计算机网络收集并加以利用得以用于教学中的各种信息资源的总和，立体化教材是一种充分利用现代科学技术来完善教材建设的新观念，是融教学资源与多媒体、网络为一体的资源信息。随着信息技术的快速发展，其在教学资源建设领域的涉及，在高校教学制度的改革、人才的培养等方面都起着巨大的推动作用。

第一，运用遗传算法将网络教学共享资源优化。遗传算法是从代表问题可能潜在的解集的一个种群开始的，而一个种群则由经过基因编码的一定数目的个体组成。在进行网络教学资源、立体化教材数字资源建设时，充分利用计算机网络共享特点来整合教学资源，使网络教学媒体与其他教学媒体融合并用。例如，运用搜索引擎技术，学习者可以很方便地查找到自己感兴趣的内容，须结合遗传算法以优化搜索的共享信息，可以将网络教学资源的搜索和共享分为资源搜索、资源优化、资源信息库更新及资源共享等过程，将搜索到的信息运用遗传算法进行优化。遗传算法是基于自然选择和遗传学原理的优化搜索方法。遗传算法能在短时间内获得满意的优化结果。用遗传算法进行网络教学资源信息优化，主要在于种群规模、染色体表示、优化参数、适应度函数和优化目标的确定。参照遗传算法的优化过程，输出优化后的网络教学资源信息列表。通过优化后的网络教学资源信息提供给教师和学生共享，其顺序是最优个体中网络教学资源的排列顺序，综合考虑网络教学资源的内容、收费情况、网络传输带宽等多项因素，从总体上反映了各种网络教学资源参数对优化排序的影响，方便教师和学生快速选取网络教学资源。

第二，建立基于代理的自适应学习模型来完善网络教学资源的建设。代理是模拟人类行为及人与人之间的关系，能根据所感知的环境自主运行和提供相应服务的程序，通过建立一个基于代理的自适应学习模型来实现对网络教学资源和立体化教材的有效利用。

学习模型的底层是资源层，是系统建构学习内容、学习策略、学习环境的基础，它主要包括知识库、策略库、试题库等。在自主学习中，由于大量的网络共享资源的识别，学生快速搜索到自己感兴趣的内容，以及通过反复学习、测试后的自适应调整学习模式是基于代理学习的主要内容。学生自适应学习模型的建立是通过学习者初次登录时完成的问卷调查、学前测试、练习模式和测试模式形成的，以后在学习过程中通过学习跟踪行为不断更新模型中的相关数据，使其能及时反映学生的当前状态。用户层为学习者提供学习界面和学习环境，将资源层中的相关资源进行合理组合生成的适应性学习界面和学习环境，是学习者进行适应性学习的场所。搜索引擎是学生访问教学资源时不可缺少的辅助工具，它可以帮助学生更快、更准确地找到所需的信息。自动文摘能在搜索引擎抓取内容后，自动地从原始文件中提取能够反映资源信息的摘要，当学生进行查询时，学生就能对摘要信息有清楚的了解，代理系统也能记录学生的行为，再根据学生学习的时间，跟踪学生的学习行为，进一步给出下一次学习的推荐。

第三，基于粗糙集理论的网络教学资源与立体化教材有效地利用研究。资源利用的研究通过训练样本数据实验，对网络教学资源利用进行分析，以此指导大学生网络学习资源管理，实现规范网络学习资源的目标。为此，网络学习资源利用的研究设计要做好以下基本工作：首先，明确网络学习资源利用的研究需求，在现有网络环境下获得资源利用原始数据；其次，设计基于粗糙集理论的网络学习资源利用研究系统的一般模型。根据基于粗糙集理论的知识发现过程并结合研究目标，设计了基于粗糙集理论的网络学习资源利用的研究系统模型。

基于粗糙集理论的网络学习资源是通过需求分析，明确研究问题，以此确定研究样本的原始数据。根据网络学习资源利用的研究需求，利用样本原始数据，设计建立网络学习资源利用的研究决策表；按照粗糙集理论方法，对决策表进行预处理、离散化和属性简约的一系列操作，生成决策规则集；对规则进行集中提取，以获得网络学习资源的研究结果；将网络学习资源利用的研究结果应用到网络学习资源的管理测试、分析中，最终实现对网络学习资源管理的决策指导。基于粗糙集理论的网络学习资源利用的研究实际上是一个知识发现和知识应用的过程，属于知识管理范畴内容。知识管理包括知识获取、知识交流、知识应用和知识创新等过程。知识获取是指对现有的知识进行收集、整理和分类的过程；知识交流是指学生通过平台、社区等途径促进知识共享的过程；知识应用是指利用获取的知识去解决问题的否认过程；知识创新是学生通过知识共享和应用产生新的概念、新的思想和新的感知行为。因此，在实现网络学习资源知识利用的研究，有助于创新的发现。各功能模块按照网络学习资源利用的研究需求设计了多种网络学习资源利用的研究策略和处理方法。

第四，各种理论方法研究性能评价分析。对网络教学资源、立体化教材进行建设有多种理论技术，每种技术都有各自的优点和不足。随着信息技术的发展和计算机网络的深入应用，“网络教育”这种远程教育模式被引入教育教学。网络教学资源平台、立体化教材数据资源共享平台的建设已成为培养人才的一个新趋势。在立体化教材建设中，重要的不是教学资源的堆积，而是它的教学设计。当然要运用网络传播教学思想和理念，运用网络检验教学效果，教学资源的丰富是重点。

第四节　信息化背景下数字化大学英语教材的改革

随着教育改革的不断深入，互联网信息化新技术的日益成熟，正在不断冲击着传统的教学模式。为了紧跟时代发展步伐，在教学实践中，数字化大学英语教材已成为新的发展趋势，各高校都在对英语教材进行不断的创新，不断丰富教学内容和方式。丰富和完善数字化大学英语教材迫在眉睫，只有不断丰富和完善数字化大学英语教材，才能更好地完成信息化环境下大学英语的各项教学任务，培养出更多的英语专业人才。

“英语教材是教师课堂授课的重要媒介和互动的桥梁，是学生对语法、词汇学习的方向标。”① 数字化英语教材是以现有网络为媒介，可为教师提供丰富的教材资料，全方位地教授学生英语知识。还可根据学生的需要，为其提供英语学习所需的各种影音资源。因此，数字化英语教材应包括各种视频、影音、图片、文本和课件等资源。

---

① 杨欢. 信息化环境下数字化大学英语教材研究［J］. 黑龙江科学，2018，9（17）：82.

通过数字化英语教材的应用，教师可把数字化资源中的英语教材与英语教学实践有机结合，根据学生的具体情况量体裁衣，选择适宜的教学模式。目前，一些高校也在寻求数字化英语教学之路，以期为教师和学生之间打造一条“线上+线下”“课内+课外”资源互补、相互配合的平台，全面提高高校的英语教学效率和学习效果。“数字化信息技术”这一全新的教学媒介，以其特有的优势，有效带动了教学模式和教学方法的革新。

一、数字化大学英语教材改革的作用

随着互联网和信息技术的快速应用，以及电子设备的迅速普及，极大地改变了人们获取信息与阅读的习惯。数字化大学英语教材契合了这一时机，大学英语教材数字化是必然趋势，数字化大学英语教材的作用主要体现在以下方面。

第一，数字化大学英语教材有利于科技与教育的融合。信息技术与教育的深度融合不仅是把信息技术当作教学手段，更重要的是塑造一种新型的教育理念。

第二，数字化大学英语教材有利于创新教学模式。数字化教材有着丰富的教学资源，可以满足不同人群的需求、改变传统的教育方法，有利于推动教学模式的个性化发展。教师可以根据学生的现实情况，选择学习策略和方法指导，并有针对性地设计学习方案；学生的数字化教材教学资源丰富，受时间、空间限制小，自主选择性更强。

第三，数字化大学英语教材有利于教学管理的智能化。运用云计算、大数据等信息技术，可以在后台进行数据综合分析，综合各项因素为师生提供智能、切合实际的建议，有效提高教学管理水平，促进教学管理工作的智能化，推动大学英语教学更好地发展。

二、数字化大学英语教材改革的对策

第一，积极应用电子书教材。目前，我国电子书教材尚处于起步阶段，这也成为数字化英语教材的短板，制约着数字化的进一步发展。因而，发展应用电子书教材刻不容缓。首先，它使用方便，借助智能手机、平板电脑等电子设备可以储存所需要的电子书教材，便于携带，不占空间，最大限度地减少时间和空间的限制；其次，电子书教材的更新成本较低、更新速度快，可以随时进行教学内容的更新，便于传输。

第二，构建科学的大学英语教材评价体系。教材质量的优劣至关重要，构建科学合理的教材评价体系非常必要。师生在教材应用过程中，如存在疑虑或其他问题，可对问题做出相应的说明，在全面理解整个数字化教材评价过程的基础上，做出符合客观实际的评价。

第三，丰富数字化大学英语教材体系。在数字化大学英语教材使用过程中，应注重推进数字化教材与教材内容的匹配，不断完善数字化教材体系，实现数字化教材的多元化。一方面，大学英语教材在内容上要呈现丰富性和多元化。学生来自五湖四海，专业各异，对于英语学习中的资源诉求也大相径庭。大学英语教材数字化过程中，必须充分考虑服务主体的差异性。另一方面，要符合学生的学习习惯，了解学生的兴趣所在，满足其不同需求，这样才能最大限度地激发学生的学习兴趣。

第四，创建指尖上的学习终端。随着智能手机的普及，手机已经逐渐成为人们的信息窗口，通过手机终端 App 软件，大量的推送消息被发送到手机上，并迅速被阅读传播，形成了全新的内容获取模式，推送形成了一种全新的学习方式。高校要借助这种新型媒介力量，充分利用社交网络、在线平台、移动工具等搭建大学英语教学平台，让学生借助互联网在移动终端上自由学习，不受时间、地点的限制，此外，还可借助腾讯 QQ、新浪微博、微信等平台进行交流互动，营造积极主动的学习氛围，发挥信息化背景下数字化大学英语教材的独特优势。

总而言之，在信息化的大背景下，数字化英语教学已经渗透到大学英语教学中，数字化大学英语教材是今后大学教学模式的必然趋势。随着科技的不断进步，数字化英语教材的普及应用程度越来越高，对高校大学英语教学的进一步发展起到了不可估量的积极作用。因此，高校与教师必须顺势而为，在探索中不断前进，在前进中不断变革。

第三章 信息化背景下大学英语教学主体的改革

第一节 信息化背景下大学英语教师的能力提升

一、信息化背景下大学英语教师的角色

随着网络科学等技术快速发展，人类面临着信息化时代的到来。教育是培养社会人才的重要领域之一，它同时也正在经历着一场巨大的变革。“教育信息化推动了国内大学英语教学模式的持续变革与创新。”① 长期以来，中国大学的英语教学都是以教师为中心的，且以固定知识的讲解为主导的传统课堂教学模式，英语教师在教学过程当中处于教学的中心。在如今网络化全面发展的今天，知识变得多元化，教学模式也逐渐向以学生为中心发展。大学英语教学呈现出全新的时代特点，大学英语教师必须进行自我调节，及时转换角色以提高自己的信息获取和分析的能力，多进行思考，提升自身综合素质并且调整教学策略，迎合教育改革的需要。

（一）大学英语教师角色——课程设计者

学生可以利用网络获得非常丰富的英语学习资源。首先，教师为了保证学生在规定的时间内可以获取教学重点内容，要根据教学目标和教学内容进行合理的统筹规划。例如，教师要在学习的方式和内容、课时的安排及教学进度，以及要达到的预期课程效果等教学内容方面进行教学设计。其次，教师在执行上述教学设计中，还要根据教学的实际需要和反馈信息，重新调整课程内容及学习方式。例如，教师可根据自己学生实际的学习情况，

① 薛雨. 教育信息化背景下大学英语教学模式研究综述［J］. 商洛学院学报，2021，35（5）：87.

决定教学课程的学习时长等。最后，教师还要创设有益于学生的教学情境，为学生提供学习上的便利，使他们能够在最短时间内找到所需要的信息，并充分利用获得的信息完成学习任务。

（二）大学英语教师角色——技术驾驭者

教师需要对先进的教育技术手段十分熟练。作为一个适应现代教学教育发展要求的教师，就必须具有一定的信息文化水准，必须运用现代信息技术，学会使用若干教学软件和在某个平台上制作课件，学会制作网页，学会对计算机资源的运用等。科学技术手段在教学领域的应用是十分复杂且具备极大挑战性的，教师既要意识到科学技术的重要性，同时也要明白网络也并不是全能的。计算机网络不能够完全代替教师，教师是真正能够使网络技术和先进的设备发挥作用的主体。计算机的更新总是需要教师去掌握，学生的学习活动也同样需要教师去引导。总而言之，教师熟练掌握现代化教学技术，其教学优势十分明显。同时，教师利用信息技术辅助教学是大势所趋，在未来的课堂教学过程中，掌握信息技术成为技术驾驭者，这必须是教师从事课堂教学的基本要求。

（三）大学英语教师角色——课堂引导者

信息技术在英语教学和学习过程中的运用，打破了英语教师仅限于课本的阅读和语法的教学，学生在英语教师的指导下掌握有限的书本知识，并且可以通过丰富的网络资源主动获取丰富的相关知识，在这个过程中不断地学习思考并且提出各种各样的问题。同时，在信息技术的冲击下，英语教师讲学的内容势必大量减少，教师需要及时转变传统灌输式教学方法向启发式教学建构，突出学生的主体作用，成为学生课堂学习的引导者以及促进者。英语教师角色的转变主要体现在五方面。第一，教师要引导学生确定适当的英语学习目标，并找出能够实现此目标的最佳解决方法。第二，在课堂上，教师要创造良好的英语学习环境，激发学生的学习兴趣。第三，引导学生养成高尚的道德、健康的心理、完善的人格等优秀的品质，具备区分好坏信息的能力，抵制网络带来的消极影响。在引导的过程中，教师与学生的心灵得到了沟通，营造出了较为和谐的教学氛围，为学生自主发展提供了无限的空间。第四，引导学生养成良好的英语学习习惯。第五，教师要引导学生学会在网上找到需要的信息并利用这些信息完成英语学习的任务，同时及时地帮助学生解决学习中遇到的困难。

（四）大学英语教师角色——方法给予者

未来的教育需要教师培养学生的三种能力：生存能力、学习能力以及创造能力。如今社会的信息传播呈现发散非常快速的特点，实践教育以及创新教育是当代大学生素质教育的两大重要内容，教师面临的教学难点不再仅限于传授知识，更多的是培养学生学会获取信息、创新信息的能力。教师应该充分尊重学生的个性特点来制订他们的教学计划，帮助他们找到合适自己的学习方法。

（五）大学英语教师角色——活动管理者

教师将以管理者的身份出现在未来学校的各项教学活动中。信息技术把教师从大量重复性的教育活动中解放出来，从一个说教者变成一个管理者，因而拥有更多的课余时间和精力去管理人际交往并且参与到提升能力的相关培训活动中，同时更多地分担学校的事务性工作，更多地分享学校的各种荣誉，减少教师对学校管理的疏远感，自觉自愿地参与学校的管理。

二、信息化背景下大学英语教师能力提升的条件

第一，较高的科学文化素质。绝大多数的大学英语教师的学历是本科以上，这说明他们都学习过各类文化课程，具备了较高的综合素质。大学英语教师信息素养能力的提升为信息技术的发展奠定了一定的基础。

第二，基本的信息素养。绝大多数教师在上学期间或者岗前培训时学习过计算机相关知识，掌握了一定的现代信息技术知识和信息基本理论知识，他们可以利用信息技术网络进行信息检索等操作，能够制作平时英语课堂所需的教学课件并通过多媒体手段进行大学英语教学，而且能充分认识到信息素养对教师发展的重要意义，具有自觉遵守网络安全法律的意识，这为大学英语教师信息素养能力的提升奠定了一定的信息技术基础。

第三，师生对信息技术走入大学英语课堂抱有积极想法。面对信息化时代的到来，教师要将信息技术与大学英语课程进行有效的整合，培养学生学习英语的综合应用能力，增强学生自主学习的能力。在整合信息的过程中，教师要着重培养学生的信息素养，使得信息技术作为支持他们终身学习的手段之一。此外，近些年大学生的数量增加迅速，大量大学生的综合素质参差不齐，广大高校英语教师必须转变教学理念，朝着个性化学习、自主式学习的方向发展。学生渴望实用性与知识趣味性相结合的课堂，教师意识到信息素养对

教师教学和科研十分重要，这说明师生都对信息技术走入大学英语课堂抱有积极的态度。

第四，社会大环境的作用。全国各高校已经全面开展信息化校园的建设，信息化高校校园以高度发达的计算机网络为技术支撑，以信息和知识资源的共享为手段，以培养能够获取和利用信息知识的师生为目标，以高校成为社会知识创新与信息创新为主要社会功能。信息化校园的建设，使得大学英语课堂的教学模式、师生学习与资源利用等都有了相应的革新。多种多样的现代化信息技术以及相关领域的专家学者，都为大学英语教师信息素养的培养和提升提供了有利条件。

三、信息化背景下大学英语教师能力提升的对策

（一）建立完善教师信息能力提升的档案

信息素养培训班是提高大学英语教师信息素养和提升教师教学水平的重要方法之一。培训前以及培训后需要各个高校应对广大英语教师进行全面细致的问卷调查和访谈，方便建立教师信息能力提升的档案。首先，培训前要进行调查或访谈，全面了解英语教师的基本情况，明确教师的实际需求，为每位教师建立信息素养培训档案，将每位教师的相关信息素养培训的基本情况都记录到信息档案中；其次，应该根据调查所反映的教师教学水平和实际要求，为每位教师制定短期目标、中期目标和长期目标，并且根据这些目标确定近期、中期和长期培训的内容；最后，将这些分析整理后的结果也同时记录到信息档案中，作为未来进一步培训的依据。

高校建立和使用教师信息提升档案，加强信息素养提升工作的监管是推进大学英语教师信息素养提升工作的有效策略和制度保障。教师信息提升档案应采用电子形式记录，同时需要由信息方面的专家及参加培训的大学英语教师共同合作完成，教师档案的内容和标准的选择也必须体现学习者的参与性。

（二）确定适合教师信息能力提升的目标

教师信息能力提升的目标分为个体目标以及总体目标。个体目标是指高校英语教师的信息素养因个体差异而差别较大，所以应在分析教师个体水平的基础上，为每位教师制定的具体目标称为“个体目标”。总体目标是指所有大学英语教师都具有高水平的信息素养，尤其是高水平信息的运用能力，以促进大学英语教学的改革，实现信息技术与大学英语课程的有效整合，从而更好地为广大教师的终身学习、可持续发展奠定坚实的基础。

（三）选择适合教师信息能力提升的内容

根据“最近发展区”理论，只有当学习的内容是学习者没有掌握且经过学习能掌握的，学习者才能产生解决问题的强烈愿望，学习才能取得成效，因此应根据教师的信息成长记录和调查访谈结果制定的个体目标为依据来选取培训内容。但是，基于高校教师个人素养的差异，高校应在着重培养实用技术和课程整合能力的基础上制定全面而有区别的培育内容。例如，年龄较大的教师信息意识有待加强，可以从培养他们的意识导向入手；对于有些接收信息能力较强的年轻教师，高校可以直接进行加强信息技术与大学英语教学的整合训练。长期从事教学一线工作的教师，常常可以更深刻地了解教学中的需求，更敏锐地捕捉到技术与教学应用的结合点。所以，在培训工作中，高校需要广泛征求教师的建议，深入了解他们的需求后不断进行调整。

（四）探索教师信息能力提升的有效方式

第一，职前培养与在职培训相结合。信息技术的不断发展更新，决定了教师信息技术培训的长期性和经常性。因此，教师的信息技术素养要在工作中随着教育需要的变化而不断提高，职前培养与在职培训相结合是大势所趋。通过培训，不仅能使广大教师增强信息意识，掌握现代教育技术的使用，熟悉信息技术整合于教学的操作程序，不断提升将现代教育技术运用于教学中的能力，还能积极引导广大教师通过获取信息、处理信息与应用信息，参与教学与科研课题的研究与开发工作，增强其创新能力，以推进整个英语教师信息人才队伍的协调发展。

第二，专门培训与自主学习相结合。广大高校在对英语教师信息素养提升时，可以组织专门的在职培训。例如，举办专门的信息技术与技能学习班，开办专题性的信息技术知识讲座、课题研讨和学术报告等活动。通过各种形式丰富的专门培训，英语教师不仅可以了解信息技术发展的最新动态，更新教育信息观念，同时也能掌握基本的信息知识和信息技能，树立运用信息技术来提高英语课堂教学效率的信心。由于教师需要大量时间从事教育教学活动，因此，他们很少有机会专门参加学校组织的各种培训。所以，学校在组织信息技术培训时，可采取多为教师预留一些专门培训的时间，使教师的专门培训与自主学习相结合，这样不仅保证了培训的质量，同时也有利于教师信息素养在自学中得到实践性的提高。

第三，校际和校本培训相结合。校际培训主要是指地方市级高校的英语教师到省属或部属院校专门进行英语教学和信息技术整合的进修学习。较之市级高校，省属或部属院校信息技术与课堂整合方面的专家能力更强，市级高校英语教师应该选派年轻的骨干教师去接受培训，学习后再向其他教师传授经验，这样互相学习沟通可以有力地促进各个级别的高校英语教师提升整体信息素养。校本培训是一种由学校自行策划、自行实施和自行评价的教师培训模式，其核心是培训的自主化和培训的个性化，即培训完全服务于本校的实际需要，培训内容和形式完全根据本校及本校英语教师的特点来设定，培训者基本由本校的教师来担任。一线教师拥有丰富的理论知识与实践经验，两种培训的结合可以实现优势互补，不仅有利于教学实践在现代信息技术理论的指导下进一步发展，也有利于信息技术理论在教学实践的视角下重构。

（五）长期持续学习与短期培训互相结合

信息技术发展变化和英语教学改革的长期性决定了高校英语教师信息素养的提升，而并非一件马上就可以看到成效的事情，这需要各个高校的领导和英语教师保持学习并不断进行自我信息素养的提升。同时，高校应在长期持续学习期间为教师开展有针对性的短期培训，即在多次、阶段性的短期培训中促进英语教师提升信息素养，使得短期、中期和长期目标得以实现，教师终身学习意识得以培养。

（六）鼓励教师进行信息教育的科学研究

科研工作是教师把教育实践中积累的经验或者发现的问题，运用教育理论加以总结、提升或者分析研究找出对应策略，从而解决实际问题并形成具有应用和推广价值的活动。信息技术与英语教学整合能力发展的理论与实践，可为教师提供丰富、卓有成效的研究手段与环境，为教师解决教学过程中产生的实际问题提供有力的帮助，教师通过教育信息技术理论的知识，不断审视与反思自己的施教行为，在教育教学实践中获得经验与体会，从而使自己的信息素养得到提高。不管是信息化环境下新型教学模式的探讨，还是教学资源、精品课程的建设和开发等，都离不开教育信息技术科研活动。高校英语教师的综合素质的提升，使得跨学科、跨专业的教育技术科研课题合作成为可能。因此，地方高校要鼓励广大英语教师在教育技术领域科研课题选题、立项和推广中的作用，以团队合作的形式开展课题研究，以此推动整个大学英语教师信息素养的提升。

（七）培养教师终身学习的能力

终身学习是通过不断的支持过程来发挥人类的潜能的，它激励并使人们有权利去获得他们终身所需要的全部知识、价值、技能与理解，并在任何任务、情况和环境中有信心、有创造性和愉快地应用它们。信息时代的终身学习和英语教师的信息素养是密不可分的，只有坚持终身学习，才能不断提高信息素养。同时，信息又是终身学习的关键成分，信息能力又决定了教师学习能力的发展。教师的信息素养是将信息技术充分有效地融入课程教学原则、推动教学改革纵深发展的关键，教师主观意识的转变和客观培训条件的创造都是至关重要的。作为教师，只有在教育观念上跟上时代的发展、在教学过程中明确自己的职责、在教育发展中加强自身信息素养的提高和发展，才能成为具备较高信息素养的现代化学者型的教师。全国高校都应该高度重视英语教师信息素养的提升。高校应从学校实际出发制定符合学校实际的实施方案，充分挖掘提高大学英语教师信息素养的多种策略，并且在实践中不断完善、修改和发展。大学英语教师也要提升自身的综合素质，更新信息观念，主动运用计算机技术提高大学英语教学和科研水平，做一名适应当前信息时代的现代化大学教师，共同推动教育信息化建设进程。

第二节　信息化背景下大学英语学生的自主学习

自主学习和信息化环境是两个截然不同的概念，代表着教育领域的两大重要发展趋势，但在数字化学习和技术增强学习的教育理念下，两者进行了融合，这既时代发展的客观需求，也是必然趋势。

一、自主学习的基本认知

在20世纪中叶后期，“自主学习”这一概念被引入英语教学领域，并且引起国内外教育专家和学者的普遍关注。学界在对自主学习展开积极探究的过程中，出现了许多与自主学习相关的名词，如自主性学习、开放式学习、自我为导向的学习、学习者控制的教学、自导学习、自控学习、参与式学习、独立学习、自我计划学习、自我管理学习、自我监控学习、自我教学、学习者自主与主动学习、自我组织的学习、自学等。不同学者对自主学习有着不同的理解，即自主学习的定义体现学者不同的学术见解和多样化特点。

自主学习是指主动、自觉、独立的学习，它与被动、机械、接受式的学习相对。自主学习可分为三个方面：一是对自己的学习活动的事先计划和安排；二是对自己实际学习活动的监察、评价、反馈；三是对自己的学习活动进行调节、修正和控制。美国的研究者认为，自主学习是一种主动、建构性的学习过程。在这个过程中，学习者为自己确定学习目标，而进行监视、调节、控制由目标和情境特征引导和约束的认知、动机和行为。自主学习活动在学习者的个体、环境和总体的成就中起中介作用。

总而言之，尽管人们对自主学习定义的表述角度不同，但其所表达的含义是一致的，即自主学习就是指学习者能够不在外人的帮助下自己主动、自觉、独立完成的一种学习方式。自主学习的主要特点是学习者从最初的目标设置、进度制定、策略选择到过程调节、控制和补救，再到对结果的评价与反省，所有过程都将由学习者自主地选择和决定。学习者在英语学习过程中有高涨的热情，始终对英语学习有浓厚的兴趣，对能够取得进步充满信心，能从英语交际活动中获得积极的情感体验。

二、自主学习能力的影响因素

自主学习能力的培养需要学习者不断自我摸索，也需要拥有完善的学习环境，及时有效地引导以及在一定的学习能力的基础上逐渐提高。在信息化背景下的大学英语学习中，影响自主学习能力的主要因素包含学习的动机和学习的策略。

第一，学习的动机。学习动机是学习者内在的学习动力，体现了学习者内在的学习需求和愿望。它一般是内在、自我激发的。而对内在动机具有激发作用的因素很多，其中包括自我效能感、结果预期、学习价值意识、学习兴趣、归因倾向、合适的目标定向等。

其中，自我效能感是指个体相信自己有能力完成某种任务，是个体的能力以及自信心在某些活动中的具体体现，它深刻地影响着学习者对自身学习能力的认识和信心。而目标定向是学习过程中的航标，引导学习者不断地自我调节。一般来说，以掌握知识、发展技能为目的的掌握性目标定向地对自主学习的推动作用更大；以显示自己的能力、获取赞许为目的的表现性目标定向对自主学习的推动作用相对要小一些。自我效能感还影响学习者的自我规划、评价和反应的能力，良好的自我效能感有助于学习者提高自我学习能力。

学习价值意识是指个体认为学习的结果对自己有一定的价值和重要意义。如果学习者对自己的学业成功赋予较小的价值，就不愿意花费大量的时间采用精加工、组织等策略，也较少使用计划、监控和调节等重要的学习策略。归因倾向对自主学习的影响表现在：如果个体把自己的学业成功地归因于外部不可控的因素，把学业失败归因于自身的能力不足，其学习的主动性就会受到影响。

第二，学习的策略。学习策略是学习者用来帮助自己理解、学习或保留新信息的特殊见解与行为。学习策略是为了有效学习而采取的有意识的行为。学习策略强调的是学习者在学习过程中如何处理和加工信息。学习策略包括认知策略和元认知策略。

认知策略是指学习者直接操纵信息输入、促进语言学习的具体行为，如重复、归纳、推新、转换、提问等；认知策略是用来计划、监控和评价学习活动的技能，包括定向注意、有意选择的注意、自我监控、自我评价和自我强化等策略。

元认知策略的实质就是主体对认知活动的过程和结果的自我意识与自我调节，表现在以主体及其活动为意识对象，根据任务的要求，制订合理的活动计划，选择适宜的解题策略，监控认知活动的进程，进行适宜的调整等。

三、信息化背景下的大学英语自主学习

信息技术的飞速发展为自主学习理论的研究提供了全新的平台，同时也给自主学习模式的构建带来了机遇和挑战。网络环境下的自主学习的要素发生了重组，学生的特征发生了变化，所有这些都使得自主学习概念的内涵和外延发生了变化。

基于网络的自主学习从狭义上讲是基于计算机网络的自主学习，即师生在准分离状态下依靠学习支持服务系统，以个体自主性学习为表现形式，师生通过网络双向通信从中受益的学习方式。传统的自主学习要素是学生、内容、技术和教师，而现代信息技术环境下基于网络的自主学习要素重组为学习、资源、网络学习环境和教师。基本要素的变化使学习支持服务系统的范围更加宽泛，网络环境下的资源、课程、教师通过交互平台和技术平台集成到新的网络时空环境中，使网络环境下的自主学习不同于传统个别化学习意义上的自主学习。在计算机网络的支持下，利用网上学习资源和网络交互功能，使学生的主体性得到充分发挥，网络交互性所产生的人文交互环境使自主学习的概念在原有的基础上成为人文交互环境中的个性化自主学习。网络交互平台应把个体建构和社会共享两个过程融合起来。

（一）信息化背景下大学英语自主学习能力的培养

第一，学习动机的激发。网络英语学习模式使得教师与学习者在多数情况下处于时空和情感分离的状态，教学模式与学习方式的转变对学习者的自主学习提出了很高的要求，而很多学习者由于习惯于传统的被动学习，在网络英语教学中自主学习动机和意识不强。学习者对教师的依赖与自主学习能力的高要求之间的矛盾在一定程度上影响了部分学习者的英语学习动机。由于自主学习能力低而导致的自主学习的低效率又造成学习者自我效能感较差，这反过来又影响了学习动机，形成非良性的循环。网络学习环境为改善学习动机

的各构成要素提供了前所未有的优势，开辟了广阔的前景。其本身的特性，如资源丰富及多样化、及时互动等，对于提高学习者的学习兴趣具有良好的推动作用。而自我效能感等因素，则将依赖学习者的策略能力的提高得到相应的改善。自我效能感的改善又会使得学习者的自主学习得到进一步、自觉的继续和深入，因此这样就会形成互相促进的良性循环。

第二，认知策略的提高。教师要想提高学生自主学习的策略能力，必须首先使他们在观念上有正确的认识。认知策略具有丰富的多样性，不同学习风格的学习者需要不同的认知策略。因而，认知策略的训练不能生搬硬套，而是要在学习中探索符合自己需要的个性化学习策略。另外，了解学习策略不等于会使用学习策略，学习者必须主观上愿意并积极主动地参与策略训练，才能取得效果。网络环境下，学习者可以通过比较成熟的分析软件，也可以通过咨询教师，对自己的学习风格及现有认知策略做出诊断。在此基础上，学习者可以通过尝试探索适合的策略，可利用分析软件对这个过程做较长时间的试验与分析，然后对其做出相应的调整。

具体而言，对于认知策略的培养有以下方式。①讲解式。讲解式主要通过讲座或文字说明等形式，为学习者提供各种认知策略的理论知识，使学习者对各种认知策略有初步的理论层面上的理解。②研讨式。研讨式训练把讲座、研讨和实际操作有机结合起来，学习者能够以小组的形式进行讨论，并尝试认知策略。这种形式有利于学习者之间的交流与协作。③教材渗透式。教材渗透式方法就是把认知策略的训练渗透到教材的每个单元里。在这种方式中，对学习策略的训练可以暗含在学习内容中，使学生在无意识的情况下通过运用而学习到认知策略；也可以专门对认知策略进行明确的学习和练习。④教学活动渗透式。这种方式把学习策略的训练融合到语言课程的整个教学过程中。

第三，元认知策略的培养。元认知从本质上来说是“认知的认知”，因而对元认知策略的培养模式与对认知策略的培养是不同的。学习者在面临学习任务之前及实际的学习活动展开期间，激活和维持注意力与情绪状态、提出与学习有关的问题、制订学习计划、监控学习过程、维持或修正学习行为、评价学习结果等都是对元认知策略的运用。元认知策略具体可以细化为五方面。①学习现状与学习需要分析策略。学习者能够分析自我的自主学习现状，包括学习效能、问题与不足、学习风格等。学习者还要能够对于学习需要，即学习现状与期望达到的水平之间的差距进行分析。②目标制定策略。学习者能够根据学习现状和需要分析与制定具体细化、合理可行、水平较高的目标。③自我计划策略。学习者能根据目标制订详细、可执行度高的学习计划，包括学习内容、认知策略应用和时间管理等。④自我实施与监控策略。学习者能够根据计划开展学习活动，并利用某些标准评估学习进展，能激活或抑制其他过程，对思维过程与结果进行实时评价。自我监控包含两个环节，一是辨别出自己要监控的行为；二是记录、评估自己所控行为的某些方面（如频率、持续时间等）。提高这类策略能力的方法包括自我记录技术、自我提问技术等。⑤自我评价策略。自我评价是指学习者依据一定的标准对自主学习的某些方面进行评价。自我评价的对象可能是行为的进展，如学习的速度、持续的时间、任务完成的比例等；也可能是行为的总体表现，如是否达到目标、效率如何；还可能是自我监控的准确性。

（二）信息化背景下大学英语自主学习的应对策略

第一，激发学生的学习兴趣。传统教学模式是教师讲座式的讲课，使用一块黑板、一支粉笔、一套课本。学生被动地接收信息，方式单一不变，信息量小，学生的学习兴趣不高。计算机网络技术和多媒体技术由于能提供界面友好、形象直观的交互式学习环境，能以图、文、声、像并茂的多感官综合刺激，还能按超文本、超链接方式组织管理学科知识和各种教学信息，有利于激发学生的学习兴趣。学习有了乐趣，自然会让学生更有信心和动力参与到学习中去。

第二，个性化学习的内容方式。在传统的课堂上是教师为大家提出学习目标，但是这些学习目标不能满足每个学生的要求，因此，学生只能被动地接受知识。在网络上，学生可以在教师的指导下自己决定学习内容，然后选择适合的学习材料。网上的材料丰富，学生很容易取舍。学生可以选择想要的学习主题，既可以是训练语言技能，听、说、读、写，也可以是学习语法、词汇知识等，找出最适合的活动和练习去做。另外，学生可以在网络上学到学习方法和学习技巧、从网上课程中拷贝或抄录笔记，也可以直接进行人—机交流、进行听说训练，或从网页上下载学习资料，在纸上做相关的练习。

第三，提高交流合作意识的能力。在网络环境中，利用网络平台去提炼观点、讨论交流，通过不同观点的交锋、补充修正，加深每个学生对当前问题的理解。通过网上交流，求得问题的最佳解决方案。

第四，培养学生的创新意识。学生运用自主建构知识与交流学习中形成的知识与能力，分析探讨相关的问题，并逐渐形成解决问题的思维与方法。

第五，及时掌握学习的进度。学生可以根据教师布置的学习任务和要求，在网上找到适合自己的语言学习材料之后，按照自己的学习情况修订学习计划，有选择性地参与某些网上学习和练习活动，从学习上依赖的状态转变成独立、自主的学习状态，进而学会有效地掌握和利用自己的时间。在网上学习，可以对自己的学习成效进行评价。网络上的练习是在学生完成后提供答案，学生可以自己检查结果、发现错误，并及时纠正。

第三节 信息化背景下大学英语师生的互动改革

教学工作需要一定的组织形式来实现。教学的组织形式包括教师的授课方式，师生的活动安排，教学的时间、空间及有关资料的有效利用等。英语教学的主要组织形式是英语课堂教学，备课、上课、布置作业、课外辅导、考核评定学生成绩构成全部英语教学工作的基本环节。教师应该明确教学目的，合理组织教材，灵活使用课堂策略，处理好师生关系，以提高大学英语教学质量。

一、大学英语课堂师生互动模式的认知

“互动”较早出现在英文中，常以“interplay”或“interaction”来表示，解释为“相互作用、相互影响”。在中文里，“互动”原属社会学术语，指人与人之间的相互作用，强调人与人之间的相互影响的方式、过程和相互关系。计算机科学中交互技术的出现和互联网的普及使得“互动”一词在教育领域逐渐广泛地运用开来，如，人—机交互。对上面的释义进行综合发现，互动需要突出相互作用、相互影响的特征，简而言之，“互动”是互动主体间在内容和动作中体现的一种相互交流与沟通的形式。英语教学属于语言教学范畴。语言是人类最重要的交际工具，要交际必然产生互动。因此，互动对于英语教学具有重要的意义。

师生互动即课堂互动，它是发生在课堂教学环境下师生间、生生间的互动活动，也是课堂教学活动中最基本、最常见的互动形式。师生互动概念的主要观点为课堂互动是为了保证学习者有大量的机会参与信息交流的话语活动，课堂互动是课堂上的基本事实，课堂上所发生的一切都是生动的人与人之间的互动过程。课堂互动仅指发生在课堂上教师与学生间的互动和交流活动。综上所述，不难看出师生互动的概念在不同的视角呈现出不同的特点，师生互动可简要地概括为师生间因教学关系而产生相互影响的社会交往活动。大学英语课堂教学离不开有效的课堂师生互动。

近年来，基于计算机网络的信息技术与英语课程整合的理论研究和方法已经引起了教育界的关注，慕课、微课等辅助教学手段也走进了大学英语课堂。由于传统的大学英语课

堂师生互动研究主要注重的是人与人之间的互动，而基本不涉及人与技术、人与环境、人与资源等维度的互动。建构主义认为，语言学习实际上是学习者的主动建构，学习者不是被动地接受输入，而是通过原有语言知识系统与新的语言输入间的相互作用建构的语言能力，信息技术和互联网的发展为大学英语教学提供了新的契机。

“教学模式是一种范式或计划，涵盖课程和作业、教材甄选、教学活动设置等基本架构。”① 语言学习的最佳方法是在真实的语言环境中学习，基于互联网环境中的英语课堂在教学设计时须通过建构主义理论和输入、输出理论的指导，控制调整互联网环境中教师的课外行为，创设有意义的英语学习情境，从而使学生获得更多语言输入和输出的机会，并在这个互动的过程中根据学生课内、课外参与的程度及其反馈不断调整，最终实现整个英语课堂教师和学生的认知互动与情感的互动，形成师生共同主导英语学习的效果。学生在互动中学习和修正自己英语的表达，使英语知识从顺应到同化获得过程保证。可见，互联网环境中的大学英语教学活动呈现师生互动、学生间互动、生机互动的动态交互影响过程。

二、信息化背景下大学英语教学中的交互反馈

（一）信息化背景下大学英语教学交互反馈的作用

第一，创设网络语言交互和反馈的情境。应用语言学家认为自然的语言环境更有利于语言学习，因为在自然的语境中，学习者容易将语言同情境联系起来，他们更注重语言表达的内容，而不是形式，这种有意义的交流，对语言使用能力的提高大有裨益。所以情境是语言交际的基础，只有在特定的情境中才会发生特定的语言交流，如在好友相遇的情境中才会产生互相问好的语言交际，在迷路的情境中才会产生向人问路的语言交际等。所以，优质的信息网络英语教学要为学习者提供类似于真实环境的语言互动情境、可以采用图片、音频、视频等多媒体素材营造虚拟的网络语言交互情境，激发和引导学习者的学习动机和学习兴趣，使他们能够更好地内化网络平台所传播的英语知识，并能在相应的真实生活情境中迁移和使用这些知识。

第二，增加语言输入和输出的机会。交互假设强调意义协商对语言习得的促进作用。如果说话者有条件接受和参与交互调整，那么就会增加第二语言习得的机会，强调双向交

① 薛雨. 教育信息化背景下大学英语教学模式研究综述［J］. 商洛学院学报，2021，35（5）：87.

际将更能促进交互调整和意义协商，从而提高语言输入的可理解性。在信息网络英语教学中，给学习者提供尽量多的语言输入和输出机会，也就是为学习者提供尽量多的意义协商的机会。这种意义协商机会能够使学习者不断地调整自己语言输出的完整性和规范性，不断地建构自己的语言学习习惯和方法。

第三，建立多通道的网络语言交互和反馈形式。大多数的信息网络英语教学只注重语言知识的灌输，学习者与学习内容之间的交互也只不过是简单的鼠标、键盘的交互。这里所说的多通道的网络语言交互是指学习者通过不同的感觉器官与学习内容之间进行交互和反馈。信息网络英语教学是以语言学习为最终目标的，需要大量的英语听、说、读、写环境作为学习者的实践氛围。所以，网络英语教学应该为学习者提供和开发多种语言交互和反馈形式，充分发挥学习者眼、口、耳、手的交互功能，以取得最佳的学习效果。

第四，注重培养学习者的跨文化交际能力。学习语言不仅是掌握语言的过程，也是接触和认识另一种社会文化的过程。信息网络英语教学，特别是使用互联网的网络英语教学，使学习者有机会与以目标语言为母语的人直接交互，有机会更直接、更真实地接触目标语言国家的社会文化，这无疑对学习者的英语学习有很大的帮助。但是因为不同文化之间存在着差异和矛盾，在英语网络教学中要注意增强学生对中外文化差异的敏感性和兼容性，使他们逐步具备文化比较能力，以提高文化素质并得体地进行网络语言交互。

第五，强调网络协作学习的语言交互和反馈。学习者的认知建构需要真实的语言交际对象和更多的意义协商机会，以互联网为核心的电子信息通信技术以其强大的双向交互功能，极大地方便了协作学习的开展，因此能够满足学习者认知建构的需要。协作学习既可以在学习中心组织的集体面授或小组讨论中进行，也可以在计算机网络时空中通过组织虚拟学习社区或社团，应用各种网络教学系统、平台和工具来实现，包括非实时异步通信、实时同步通信和分布式网络学习模式。

（二）信息化背景下大学英语教学交互反馈的意义

第一，交互反馈是语言学习的本质要求。语言学习的最终目的是使用和交际，即听、说、读、写、译，所以对于信息网络英语教学而言，其以语言形式进行人—人和人—机交互与反馈的数量和质量要远远高于其他类型的网络教学课程，其目的是为学习者提供更多的语言交互和使用的机会。

第二，交互反馈是网络自主学习的核心体现。网络自主学习是指学习者自行利用网络媒体，主动运用和调控自己的元认知、动机和行为进行网络课程的学习。只有通过学习者与计算机之间的交互才能实现学习者对学习内容、学习进度、学习时间的自主选择和自我调控。中国教育技术协会制定的《语言学习网络平台规范》明确规定了语言类学科网络平台的系统功能中要包括自主学习系统，即学习者对文本、音频、多媒体语言资料的自主学习。

第三，交互反馈是网络协作学习的实现形式。网络协作学习是指学习者利用网络，以小组形式共同完成一个学习目标的学习过程。简单地说，网络协作学习就是学习者之间通过网络进行交互的结果。在信息网络英语教学中进行学习者交互，一方面是为了实现语言的交际功能，另一方面也是为了培养学习者的集体精神和团队协作精神。

（三）信息化背景下大学英语教学交互反馈的特性

第一，延迟性。延迟的产生是网络传输的必然结果。传统课堂交互主要采用言语信息交流，而网络反馈中文本信息占有较大的比重。文本的产生和接收速度均低于言语，即使是进行同步交互，信息接收的速度也会随着通道传输效率和用户操作效率而降低，这将不可避免地影响对信息的加工、理解和反应。更重要的是，如果实际的信息感知和加工速度与正常的工作速度不一致，交互的效率就会急剧下降。但是，从另一个角度来看，延迟特性也是有利的，因为它是异步交互的基础。在解决一些结构不良的复杂问题时，需要用充足的时间来收集信息和深入思考，这时让交互和反馈在一定时间后完成是比较合理的。这在课堂交互中并不容易做到。可见，交互和反馈的延迟特性有着双面效应，关键是如何扬长避短、准确把握。

第二，动态性。传统的教学交互多是由教师事先设计好，并在规定时间内进行的。而在网络教学中，学习者可以方便地对交互的速度、交互的时间、交互的地点和交互的方式做个性化的设定，动态性地支持自主性学习过程。但是，学习者的交互行为和反馈内容往往是不可预测的，这对交互和反馈的设计和教学指导提出了更高的要求。

第三，多样性。由动态性带来的多样性体现在许多方面，具体如下。①信息形式的多样性。与课堂交互和反馈以言语信息为主不同，网络交互和反馈可以采用多种多样的网络视听材料。②内容的多样性。网络交互和反馈的主题不仅可以针对教学内容，还可以涉及所有与主题相关的辅助信息。③手段的多样性。因特网功能各异的信息服务和认知工具都可以作为教学传播的途径和手段。④对象的多样性。网络交互和反馈的对象不仅包含了课堂交互和反馈的对象，而且可以突破客观现实的限制，在学校和地区以外，甚至可以跨越国界，在更广阔的范围内寻找交互和反馈对象。

（四）信息化背景下大学英语教学交互反馈的原则

第一，友好的交互界面。网络课程的交互界面是网络课程的表现形式，友好的交互界面可以将网络课程的内容以超文本方式呈现，为学习者提供良好的导航系统和功能，赋予学习者串联知识和网络浏览的自主权。信息网络英语教学中的交互界面应以目标语言作为界面语言，以缓和协调的色彩作为主色调，向学习者提供清晰的网络课程结构和层次、站内搜索引擎、电子词典等功能，以方便学习者非线性地找到适合自己的学习内容。

第二，适时有效地反馈。反馈是信息网络英语教学中的重要环节，也是联系交互双方的纽带。在信息网络英语教学中要十分注意反馈的时机，并非越及时的反馈就越有效，教师要根据不同的学习目标和学习方法，选择使用不同反应时间的反馈。

在信息网络英语教学交互中，特别是在一对多的交互中存在着许多交互的观望者。这些观望者由于学习风格，或者由于学习动机不强、知识基础不扎实等，往往只是观察其他学习者的交互，很少积极主动地参与交互。这种情况就要求教师和其他学习者给予这些观望者耐心的鼓励反馈，让他们有信心和动力参与到网络课程的交互活动中，乐于、也敢于用英语表达自己的观点和意见。

在信息网络英语教学中，虽然教师与学生的地位趋于平等，但不能忽视教师在其中的主导作用。对于个体学习者，教师要给学习者提供诸如学习策略、学习成绩、学习进程等方面的反馈，在学习者自主探究的基础上引导学习者进行认知构建。对于小组学习，教师要组织和监控整个协作交互的过程，根据学习者的反馈及时调整和修改小组活动的细节。

第三，教师和学生在交互中的地位趋于平等。如果将师生面对面的交流和网络交流做对比，就会发现在两种情况下虽然双方都意识到了地位的不同，但在网络中学生表现的主动性更强，而教师在网络中所做的评价性语句更少。在网络教学环境中，每个人直接面对的是交流的信息，而地位、身份、职务、年龄与学识的差别在心理上被淡化，网络交互的隐蔽性、对话的间接性使师生对话的地位趋于平等。在网络教学中网络课件在很大程度上接替了教学工作，教师更多地担当了系统的管理者和维护者。在信息社会里，教师也不可能再像过去那样被看作某种知识的唯一拥有者。随着知识的非垄断性和学生自主学习能力的增强，教师的教育重心必然发生转移，从教什么到怎么教，变说教式、“满堂灌”为发现式、合作式，教师和学生在教学中的地位必然要趋于平等化。

第四，促进情感交互。网络教学中因为缺少面对面交流中眼神、表情、姿势、语气等非语言因素的传达，因此很难得到学习者迅速的情感反馈及情感融入。因此，可以从两方面来解决这个问题：一方面，教师应该转变教学观念，与学习者交朋友，鼓励学习者积极参与，使学习者打消面对面交流模式中的种种顾虑，能够轻松坦然、不戴任何面具地与教师沟通；另一方面，可以在网络交互手段中添加情感图示，如在聊天室、BBS 上添加表示喜怒哀乐等表情的图标。

第五，注意记录和评价各项交互活动。电子档案袋是一种记录学习者学习过程的，以作业、成绩、作品等形式保存的学习进程文件。这种方式对于综合评价学习者的能力和成绩具有更为直观和客观的意义。在信息网络英语教学中，可以通过记录学习者的各项交互活动，了解学习者对"网络学习"这种新型学习方式的积极性、学习成就感和学习效果，为教师和其他学习者提供评价他人的事实依据，也为学习者的自我评价提供客观参照。

（五）信息化背景下大学英语教学交互反馈的技术支持

信息网络英语教学需要大量真实有效的交互，在网络环境下实现这些交互功能需要许多相关的计算机网络技术的支持，如网页制作技术、流媒体技术、语音技术、虚拟技术等。

1. 网页制作技术

英语教学网络课程的常见形式是多媒体网页形式。网页制作技术包括静态网页技术和动态网页技术。无数据库支持、无交互、内容固定而又有独立页面和网址页面的，属于静态网页，文件名通常以 htm、html、shtml 等为后缀，但静态网页上也可以出现视觉动态效果，如 Flash 动画、JS 网页特效等。这些网页只能被动浏览，只适用于呈现某些无须经常变化的教学内容。静态网页的制作可以通过较为简单的网页编辑软件来实现，如 Frontpage、Dreamweaver 等。这种网页技术实现的交互功能比较单一，一般为利用超文本或超媒体实现教学内容之间的跳转，也就是学习者与网络课程界面之间的简单交互。建立在浏览器/服务器（B/S）架构上的服务器端脚本程序，需要经过服务器端的数据库处理后才能反馈浏览器端的请求。能够实现交互功能的网页，称为"动态网页"。动态网页可以随时增加、删除、修改网页内容，也可以实现静态网站实现不了的功能，如聊天室、论坛、音乐播放、在线报名、搜索等。动态网页可以采用 ASP、PHP、JSP、ASPnet、CGI 等程序编写而成。动态网页能够实现的交互活动形式多样、功能强大、效果明显，能够很好地满足以教学目标为导向的人—机交互和人—人交互的要求。

2. 流媒体技术

在信息网络英语教学中，为了提高学习者的学习兴趣、激发他们的学习动机、拓展他们的知识面，教师往往会向学习者提供相关的视音频教学资源，如课文朗读原音、原版电影片段和英语类新闻广播节目等，还会通过网络组织学习者进行关于某一主题的两两讨论或小组活动。这些视音频的网络传播就涉及流媒体技术。流媒体技术就是把连续的影像和声音信息经过压缩处理后放上网站服务器，让用户一边下载一边观看、收听，而不需要等整个压缩文件下载到自己的机器设备上后才可以观看的网络传输技术。通过流媒体技术，在窄带宽上实现视频、音频以及交互式多媒体、现场直播等成为可能。常用的流媒体技术有 RealNetworks 公司的 RealSystem、Microsoft 公司的 WindowsMedia、Apple 公司的 QuickTime 等，这些流媒体技术可以实现信息网络英语教学中的视音频点播、实时广播和音视频实时聊天，帮助学习者实现与学习内容的交互和与其他学习者的交互。

3. 语音技术

语音技术用于在学习者和计算机之间建立语音交互，以满足英语学习的输入与输出的需要。语音技术在计算机领域中的关键技术是语音识别技术和语音合成技术。语音识别技术（ASR）是指将人说话的语音信号转换为可被计算机程序识别的文字信息，从而计算机可以识别说话人的语音指令以及文字内容的技术。而语音合成技术（TTS）是指将文本信息转变为语音数据，以语音的方式播放出来的技术。语音技术是跨接在以数据为核心的互联网络两者之间的一座桥梁。语音技术在信息网络英语教学中的应用尤其重要，因为这项技术能够实现人—机语言交互，能够最大限度地训练学习者的听说能力，提高学习者的语言表达水平。说宝堂（Saybot）就是一款应用语音技术的智能化英语口语学习软件，全称为“会说话的机器人”。它能实现强大的发音、语法、句式纠错功能，并有多种智能对话方式（如复述、替换、造句、翻译等）、标准英语播音员语料库、全真人发音和对答功能以及多种学习反馈和记录功能（如分数、图形、图片、音效等）。

4. 虚拟现实技术

虚拟现实技术（VR）利用三维图形生成技术、多传感交互技术以及高分辨显示技术，生成三维逼真的虚拟环境，使用者戴上特殊的头盔、数据手套等传感设备，或利用键盘、鼠标等输入设备便可以进入虚拟空间，成为虚拟环境的一员，进行实时交互，感知和操作虚拟世界中的各种对象，从而获得身临其境的感受和体会。在因特网上，可以应用 VRML 语言、全景环视技术、Java 语言等技术来实现这一点。在信息网络英语教学中，应用虚拟现实技术、创建目标语言的学习环境必将对学习者产生强大的吸引力，更容易促进他们学习、训练、探索的积极性，取得更好的教学效果。

三、信息化背景下大学英语课堂互动建议

第一，改变教师的教育教学理念。要想在课堂教学中加强师生互动，就要充分尊重学

生的主体性，积极引导学生参与到课堂活动中来，因此要改变的是教师的教学观念，真正执行“以学生为中心”的人本主义教学理论。学生的主体性主要表现为学生与教师交流的积极能动性和独立思考性，对学生主体的充分尊重有利于学生对外界信息的接收、分析和加工处理。而且学习的过程并不仅仅是掌握知识的过程，还是一个“学会学习”的过程，学会从现实世界中学习并运用知识和经验。教师在课堂教学中，不应该仅强调在知识方面对学生的培养，还要从学生和社会的实际需求出发来构建课堂师生互动交流的方式。面对学生的个性和智能差异，要学会区别对待、因材施教，合理设计课堂活动方案，给予学生均衡发展的机会。

第二，转换角色，建立平等、互相尊重的和谐师生合作关系。在大学英语课堂中的师生交流，不仅是知识传授、帮助学生解决语言问题从而提高语言能力的过程，同时还应该是一个在平等地位上进行情感沟通的过程。以教师为主导的教学模式，虽然可以让学生在短时间内建立起系统化、基础性强的知识体系，但其弊端也是显而易见的，这样的教学不利于学生创造性思维的发展和实践能力的提高，师生间也很难形成情感的共鸣。因此，教师应该对自己的角色重新定位，做学生的引导者、交流者和课堂活动的组织者，引导学生寻找和学习相关的资料并进行分析，加强学生和学生间的整合和交流活动。在课堂上鼓励学生质疑，使学生对自己感兴趣的内容和话题跟教师和同学交流彼此的看法，对某些课题进行深入研究。师生间的合作是一个双赢的交流过程，师生间通过共同探索以及分享新知识，在互动过程中彼此理解及认同，一方面可以促进学生创造性思维的发展，另一方面，教师在指导学生时也能得到启示，更新自己的知识体系，从而提升自身素质。

第三，充分给予学生参与课堂的权利。在课堂师生互动中，应该提倡全体学生的主动、积极参与，只有这样，才能培养学生探究性学习的能力。教师要尽量做到分层互动，在设置课堂提问时要了解学生的兴趣所在，设计能引发学生共鸣的问题，同时要考虑学生英语水平的差异化，把握问题的难度梯度，层层递进，让不同层次的学生都有机会并敢于发言，参与互动。同时，应尽可能多地采用开放式提问，让学生根据信息的输入情况和自己的所思所想畅所欲言，鼓励学生说出预想之外的答案，创造性地回答问题，只要学生的陈述是合理的，就应给予高分评价，以让学生的主动性得到更好的发挥。另外，教师要根据学生现有的能力水平以及学生的个体差异，指定合适的课堂活动，实现全体学生的有效参与，同时还要强调对学生团队合作意识的培养，重视人际关系的沟通。在教学中，根据专题分组进行活动，给学生提供更多语言实践的机会，让学生在交流和讨论中学会表达自己的想法以及尊重他人的观点，取长补短，在合作交流中形成最佳方案，学习兴趣得到充分的刺激，积极自愿地参与课堂活动。

第四，根据课堂教学内容的复杂程度设置封闭性和开放性问题。设置封闭性问题和开放性问题的主要依据是课堂教学内容的复杂程度。把开放性问题引入教学活动中，其目的就是要解除学生的思维枷锁，为学生提供一个自主学习、自我展示的舞台，可以从根本上改变学生被动接受的学习状态，从而将学习过程转变为学生个体的主观能动性不断生成、发展和提升的过程。开放性问题的教学打破了单向被动的“授一受”的传统教学模式，建立起师生、生生多向多边互动的课堂教学新格局，为课堂教学搭建了一个积极参与、自主探索、互动交流的平台，给师生预留了更多的自由发挥的空间，学生也真正成了学习的主体并能积极主动地探索学习对象，自觉地对自身现有的认知结构和认知方式进行调整、改造和变革，主动构建知识并将之内化到自己的认知结构体系中。开放性问题的教学过程也就会成为学生发现问题、提出问题、分析问题、解决问题的过程，最终达到“教为不教，学为自学”的理想境界，对于改善学生的学习方式、激发学生的探究欲望以及培养学生的创造精神和实践精神有着积极的意义。此外，把开放性问题引入课堂教学活动中，不仅可以为师生之间提供一种动态的信息交流的契机，还可以营造出一种平等和谐、民主开放的教学氛围，有利于实现师生之间的相互沟通和激励、相互影响和促进。师生在这种多边和谐的互动中共识、共享、共进，从而达到师生教学相长、学生间相得益彰的目的。

第五，适时调控提问的等候时间与课堂提问的频度。有效的课堂提问，一方面要根据问题的难度适当控制提问的等候时间，换而言之，教师在提出问题后应该给学生留有一定的思考时间，以提高学生回答的准确性，提高课堂教学效率。当然，对于等候多长时间为宜，自提出问题到指定学生回答，等待 3~5 秒为宜。如果教师所提的问题是开放性的，那么留给学生的等待时间以 10 秒左右为宜。另一方面，课堂提问的有效性还体现在受益学生的普遍性上。有效的课堂提问必须面向全体同学，而不是“一对一”式的问答。理想的课堂提问应该使全班同学都能受益，这是中国大班制教学的必然，更是保障课堂教学效率的重要手段。

对于如何控制课堂提问的频度问题，教师要根据教学内容的重点，抓住知识的重点、难点，设计思考量大的问题，注重提问的质量和效率，避免问题过于烦琐、直白。这样的提问才能够培养学生独立解决问题、探索新知的能力，培养学生的问题意识，才可能成为有效的课堂提问。

第六，创设提问的课堂氛围，让学生尝试提问。“问”是教师教学和学生学习活动的重要方式，教学过程实际上是许多各种各样的问题的解决过程。课堂总是有许多问题要解决的，问题的关键不在于“问题”本身，而在于这个问题主要是由谁来“问”的，这恰恰是发现式学习与接受式学习、他主学习与自主学习的分水岭。让学生在另一种“问”中学习，是改变旧的学习方式（教学方式），发展新的学习方式的一种崭新的体验。“问”中学习要求学生在上课时，做的不是听教师充满悬念的设疑导入或精彩的讲述，而是首先将自己自学的情况进行交流，交流内容包括已“知道了什么”、“还想知道什么”和“为什么”。

在课堂教学中，首先，要激励学生开阔思路、探索求异，通过启发式教学，精心设置问题情境，激发学生探索问题的强烈意识，引发积极的思维活动。刚开始时要积极引导，提供思路，让学生在教师的因势利导下掌握“提问”的思路和方向，提出可思考性的问题。当然可以在生产和生活中找到学生感兴趣的问题，学生在生活中对这类问题都有体验，既可以培养学生对周围生活观察思考的能力，又可以激发学生的学习兴趣，使学生认识到学习的重要性以及科学的实用价值。其次，让学生在自主提问中享受乐趣，善于“提问”。让学生从实际出发，根据本地的具体情况，依据所学知识，自己设置问题，带着这些问题去体验科学知识在生活实际中的应用价值，这样既可以培养和强化学生的学习兴趣，还能增强学生的学习欲望，强化培养学生的问题意识和创新精神。

第七，加强对课堂的监控。对刚开始利用网络的学生，培养其与电子教材互动的技能和制定课堂上网的行为规则是有必要的。此外，在传统的课堂教学中，教师的注意力是促进学生学习的最大隐性激励因素，因为学生希望得到教师更多的关注。在网络环境下的课堂教学中，教师可以增加网络监控途径来关注学生的学习，现在主要的方法是安装学生屏幕监控软件。利用学生屏幕监控软件，教师可以随时查看学生正在利用计算机做什么、做得怎么样，以了解其学习情况。教师在进行教学之前就应该告诉学生，教师在时刻关注着他们的学习过程，教师可以知道每一个学生的学习过程。这能够有效防止学生在课堂上利用计算机做与课堂教学内容无关的事情，进而增加学生与电子教材的互动。

传统课堂教学是一种“人—人”的交互模式，交往双方真实、全部地呈现自己，包括言语和非言语的（表情、手势、态度等）信号都呈现在对方面前，而网络课堂教学不同于传统课堂，是一种“人—机—人”的交互模式，信息的流动要经过“机器”这一中间媒介。在网络环境下的课堂中，虽然教师可以观察学生的学习记录，但当学生没有学习时，教师并不易了解其原因，即使学生在浏览网页，也无法了解他们是否在思考。因此，仅仅依靠教师监控还是不能有效地掌握学生的学习情况，尤其是在学生进行小组讨论的时候，各小组的进行情况如何、是不是在探讨学习问题、谈论的方向是不是正确等都需要教师随时给出指导。因此，在网络课堂中，教师应该适当地增加巡视的频率，提高教学效果。

第八，完善课堂教学评价机制。教师应该以发展的眼光担任学生学习的评价者，根据学生的不同状况，选择合适的评价指标，给不同的指标赋予不同的权重，引导学生发现自己的学习过程中存在的问题，从而进行更深层次的学习并从真正意义上提高学习的主动性。教师评价应该从以下方面入手。

一是评价内容应该多元化。对学生的评价不仅要从学生对知识掌握的准确度出发，还应考虑学生的综合能力提高与否。学生的团队合作能力、创新能力以及知识应用能力等都应在教师对学生的评价中占一定的比重。

二是评价应尽可能地正面、积极。教师应该以积极评价为主、以消极评价为辅的方式与学生开展互动交流，发掘学生答案中的闪光点，运用合适的方式指出学生答案中的错误。比如教师可以避开对学生错误的直接点评，在接下来的交流中运用正确的表达方式，并通过问题设置，给予学生再次表达的机会，用亲身示范来引导学生自己发现并更正语言中的错误，避免学生在使用英语过程中产生焦虑感。

三是评价时应增加个人情感的投入。教师除了在教学理念上给予学生的情感和精神世界充分的尊重，在课堂互动中也要跟学生进行平等的情感交流，多给一些积极的情感反馈。积极评价和肯定用语是激发学生参与课堂交流最好的助推器，对学生情感的关注会让学生在心理上向教师靠近，更愿意与教师进行互动交流。在评价学生表现时，教师惯于使用“good”“notbad”“great”“excellet”等简单的词汇，尽管是正面评价，但是过于简单，如果频繁使用，则会给学生流于形式、没有发自内心的感觉。评价方式应尽量做到“多元化”和“丰富化”。

互动和双向交流对于英语课堂的积极意义已是共识，而作为互动形式的设计者和实施者，教师只有不流于形式，为了互动而互动，制定出真正有意义的互动内容，结合“分层互动”等旨在让全体学生共同参与的互动形式，同时充分重视纠错、评价等细节，英语互动课堂的积极性和有效性才能真正地得以体现。

第九，注意对学生活动随意性的控制。网络教室座位的安排通常与普通教室不同，学生可以方便与其他同学交流探讨，给学生留出更大的活动空间。但是，这种便利也容易因学生过于随意而产生课堂上的混乱，这种情况在学生进行小组讨论时尤为突出。教师应该为学生创设活泼、开放的课堂氛围，让学生自由表达自己的观点，但这并不意味着课堂的无序。对于学生在课堂中的活动，教师应根据具体情况灵活控制、适度掌握。例如，在信息技术课堂，学生独自操作计算机完成教师布置的任务时，计算机操作娴熟的学生为指导有需要的同学或与周围同学一起研究问题而在座位周围活动，这样的活动给课堂营造的是一种研讨的氛围，调动了全班同学学习的积极性。此时，教师可以对此留意，但没必要进行阻止。反之，对于一些在课堂中借着探讨问题而在各小组之间“穿梭”的学生则会影响课堂秩序，教师应该及时制止。总而言之，教师对学生课堂活动的控制应以学生的活动不会扰乱课堂教学秩序、不会影响其他同学、不会影响课堂效果为前提。

第十，制作美观、交互性强的电子教材。促进学生与技术互动，使学生在课堂中仅仅关注与教学内容有关的电子教材，关键是要提高电子教材的美观性和交互性。在内容上，应该将大的教学问题划分为若干个小任务，以任务驱动的形式引导学生逐个突破、解决。在任务设计上，可以适当地增加挑战性、趣味性和差异性，自始至终地抓住学生的兴奋点，这样才能保证学习效率和效果。

第四章 信息化背景下大学英语教学内容的改革

第一节 信息化背景下大学英语听力教学的改革

英语听力教学在大学英语教学中占据着十分重要的地位。尽管听力属于语言输入的一部分，但是听力能力的培养和习得并不能一蹴而就。学生要想对听力材料当中的信息进行有效的把握，就需要拥有强大的语言基础知识能力。然而，由于大学生语音知识、词汇知识以及语法知识的欠缺或听力方法不当，使得英语听力一度成为困扰很多大学生的问题之一。

一、信息化时代下大学英语听力教学内容

大学英语听力教学内容作为听力教学的基础，它是学生学习英语的重点知识，同时也是教师开展教学的基础。大学英语听力教学的内容主要包含以下方面。

（一）听力的知识

听力知识包括很多方面，如语音知识、语用知识、策略知识、文化知识等。语音知识不仅是语音教学的内容，还是听力教学的内容。熟练掌握英语的发音、重读、连读、意群和语调等语音知识有助于提高学生的语音识别能力和对语音的反应能力。因此，教师在听力教学中还要加强对学生的语音训练，如对听音、意群、重读的训练等，以使学生熟悉英语的表达习惯、节奏，适应英语语流，从而为学生的听力奠定基础。

听力材料中常涉及一些有关言谈交际的话题和材料，要理解这方面的听力材料就需要借助相应的语用知识，因此，语用知识也是英语听力教学的重要内容。策略知识有助于学生根据听力材料和听力任务的不同而选择合适的听力策略，提高听力效果，所以听力策略

也是听力教学的重要内容。因缺乏相应的文化背景知识，学生的听力活动常会受阻，因此文化知识也应成为英语听力教学的重要内容。

（二）听力的技巧

听力技巧是英语听力过程中必须具备的一项内容，因此也是听力教学重要的一项内容。具体而言，在听力教学中，教师要向学生传授以下听力技巧。

第一，辨音能力。在听力理解的过程中，学生还需要具备基本的辨音能力。例如，辨别音位、语调、重读音节等。

第二，交际信息辨别能力。听力材料呈现出明显的交际性，因为听力材料大多是由交际性语言组成的，所以学生需要掌握基本的交际信息辨别能力，如话题起始语、话题转折语、话题终止语等。

第三，大意理解能力。这项听力技能的教学内容主要是要求学生能够及时抓住交际者的意图等。

第四，对细节的把控能力。听力活动不仅需要学生掌握主旨大意，也需要学生掌握足量的细节信息，这些细节信息是听力理解的基础。所以，对细节的把控能力也是学生应掌握的技能。

第五，推理判断能力。推理判断能力也是学生必备的技能之一，因为听力材料中的交际者是根据一定的目的进行交际的，学生需要依据推理判断能力去揣摩说话人的意图，从而保证听力活动的顺利进行。

第六，词义猜测能力。具备词义猜测能力是一个合格的听者的必要条件，常用的词义猜测方式有根据上下文判断、借助整体语境、搜寻已有信息等。

第七，预测能力。预测能力指的是根据一定的语境信息以及已有知识，来预测下文语言话题的发展与转向。

第八，记笔记的能力。听力活动具有时间短、不可重复的特点，而且学生的记忆能力是有限的，不可能在短时间内记住所有的内容，这就需要学生具备一定的快速记笔记的能力，以辅助记忆从而更好地完成听力任务。

（三）听力的理解

教师在培养学生的听力理解能力时，即其实就是在培养学生对句子和语篇的理解能力，使学生的理解由“字面”到“隐含”，再到“应用”。听力理解是一个循序渐进的过程，必须经历四个环节，即辨认、分析、重组、评价与应用（语感）。通过这一过程，学生的听力能力才能逐步提高。

第一，辨认主要涉及语音辨认、信息辨认、符号辨认三个方面。教师可以通过正误辨认、匹配、勾画等具体方式训练和检验学生的辨别能力。

第二，分析就是要求学生具备对听到的信息进行分析并转化到图、表中的能力。分析就是要求学生可以在语流中辨别出短语或句型，对谈话内容有大致的理解。

第三，重组就是要求学生用自己的语言将获得的信息重新组合，通过口头或笔头方式表达出来。

第四，评价与应用要求学生在前面三个阶段获得信息、理解信息、转述信息的基础上，能运用自己的语言评价、应用所获得的信息。英语语言学习讲究良好的语感，也就是对英语的直接感知能力。良好的语感有助于学生即使在语法有所欠缺的条件下依然能够快速而正确地做出判断，所以大学英语听力教学中也应有意识地培养学生的语感。

二、信息化时代下大学英语听力教学原则

大学英语听力教学的开展应遵循一定的原则，这样才能使教学更加有效。具体而言，大学英语听力教学应该遵循以下原则。

（一）逐渐深入原则

任何学科的学习都不是一蹴而就的，都需要经过一个循序渐进的过程，英语听力学习也不例外。这里的循序渐进是指英语听力教学要由简到繁、由易到难地展开。逐渐深入原则在听力材料的选择上发挥着重要的作用。教师在选择听力材料时，要注意材料难度的阶梯性，应由简单逐步向复杂过渡。在听力教学初期，教师应选择那些吐字清晰、语速较慢的材料，同时兼顾材料的真实性和多样性；也可选择一些新闻、故事以及一些社会热点话题等，以培养学生的学习兴趣。当听力教学逐步加深之后，教师可以根据学生学习掌握知识的实际情况来递增听力材料的难度，从而促进学生学习能力的提升。

（二）兴趣主导原则

兴趣对于学习的重要性是不言而喻的，它是确保学生听力学习高效进行的基础。因而不可否认的是中国学生的听力水平普遍较低，这与听力教学枯燥乏味、学生缺乏学习兴趣有很大的关系。对此，在开展英语听力教学之前，教师应对学生的兴趣所在有所了解，即

了解学生喜欢什么样的听力材料，喜欢怎样的听力活动等，利用学生喜闻乐见的方式激发其学习的兴趣，从而起到培养学生听力能力的作用。

（三）贴合实际原则

英语听力课堂教学的目的是培养学生的听力能力，促使学生可以有效地进行跨文化交际，能够在真实的情境中运用语言，因此听力材料的选择要有真实性。例如，教师可以选取一段完整的广播节目或者选取一段英语电影片段等让学生听，这种真实的听力材料能让学生接触和感受地道的英语表达，领悟英语语言与文化的特点，培养英语语感，进而提高英语听力水平。此外，听力材料的选择应注意难度适宜，既不能太简单，也不能太难。如果听力材料过于简单，会使学生产生轻视心理，不利于学生听力水平的提高；如果所选择的材料过难，则会给学生带来心理负担。

（四）分析性和综合性相结合原则

分析性指的是在听力进行时，使学生将注意力集中在对材料中的细节部分的理解和记忆上，即在听的过程中注重细节分析，逐词逐句地将所听到的内容进行分析，这是听力教学的基础训练。而综合性指的是在听的过程中，将重点放在材料整体的把握上，也就是在听力基本训练基础上所进行的整体的听的练习。综合性的“听”主要是对材料内容有个整体印象和理解，这种方法主要针对的是听力题中对材料主旨的理解、对整体思想的分析等。在听力训练中的听力题既包括材料的整体理解，又包括细节分析，对此在听力教学中教师应将分析性的“听”与综合性的“听”结合起来，以有效提高学生的细节分析能力和整体理解能力。

（五）四项基本技能相结合原则

四项基本技能包括听、说、读、写，这四项技能彼此间是相辅相成、相互促进的关系。听与说不可分割。在交际过程中，一个人听的过程实际上就是另一个人说的过程，所以在教学中可将听与说结合起来进行训练。例如，利用听力材料中的语言来完成口语任务，可以有效地培养学生的口语交际能力；而朗读、模仿使用和复述听力材料，并背诵一些优秀的文章，可有效积累语言素材，还能培养良好的语感，良好的语感又能进一步提高记忆、听力和理解能力。此外，根据所听材料进行角色扮演、展开情境对话等都是以说促听的有效方法，将听与读结合起来进行教学，不仅能增强学生的语感，还有助于学生将单词的音、形、义三者统一起来，有效地减少判断误差的发生，对于学生听力的培养有着积极显著的促进作用。此外，经常采用边听边读的方式，还能加深对文章的理解，提高对语言的反应速度，不再习惯性地采用汉语的思维来理解英语。听与写相结合的最佳形式就是听写练习，如将对话改写成短文等。听与写结合不仅能促进学生语言能力的培养，还能提高学生的分析、理解和归纳能力，这对提高学生的语言敏感性和提高学生的听力水平十分有利。

三、信息化时代下大学英语听力教学方法

在大学英语听力的教学当中，培养学生的自主学习能力和提高英语听力教学效果的方法有很多。教师可采用以下方法开展教学。

（一）多媒体教学方法

多媒体设备将语言、画面、声音三种元素通过媒介结合到一起，是当前十分普及的一种教学设备。学生在使用过程中可以真实地看到画面、听到地道的语言，可谓是视觉与听觉的完美结合。多媒体教学法为学生创设了真实的英语学习环境，让他们在学习过程中能够轻松自如地学习。因此，教师展开英语听力教学时可充分利用多媒体。

近年来，在信息时代的发展背景下，慕课教学作为一种在线教学与学习方式得到越来越广泛的应用。所谓“慕课”即大型开放式网络课程，它并不是网络资源的简单堆砌，而是以主题的方式对教学资源进行的科学呈现。慕课在英语听力教学中主要涉及以下形式。

第一，展开板块学习方式。为适应学生的不同听力练习需求，慕课教学将听力学习切分为多个板块，如询问咨询听力学习板块、基本家常用语板块、专业英语学习板块等。为满足不同专业学生的需求，专业英语学习板块还可进一步切分为旅游专业英语听力训练板块、计算机专业英语听力训练板块、企业管理英语听力训练板块等。这样的方式可极大地提升听力训练的针对性与实效性。

第二，为学生的听力练习提供平台。慕课教学背景使海量资源能够以共享方式提供给学生，学生只需登录就可以进行听力学习。这需要特别说明的是慕课平台的资源具有多元化、及时性的特点，学生在提高听力能力的同时，还可开阔眼界、丰富知识、拓展思维。

第三，仿真对话教学。慕课视频教学由国外的交流者或者专业的英语教师进行英语听力对话训练，教师对此提出问题，并给学生留出思考时间，这就可以有效地增强学生对听力仿真训练模式的直观感受，并在由提问者与回答者构成的模拟现实情境中完成对话练习，提升听力学习效果。

（二）体裁教学方法

近年来，越来越多的教师和学者开始关注体裁教学策略，并将其应用到大学英语听力教学中。具体而言，体裁教学策略在大学英语听力教学中的运用主要分为四个步骤：体裁分析、小组讨论、独立分析以及模仿使用。

第一，体裁分析。采用体裁教学法开展教学，首先要对听力材料进行体裁分析，包括语言方面的分析和文化方面的分析；其次要对语言进行分析，语言分析包括分析体裁的图式结构，目的是让学生对某类文章的要点以及开展方式有所了解。文化方面的分析是指对听力材料的文化背景知识进行分析，包括听力材料的社会历史、风俗习惯等背景知识，以便学生对背景知识以及文化差异有所了解。

第二，小组讨论。在本环节中，教师可将学生分为若干小组，播放同一题材的材料，然后让学生在小组中讨论这些材料的结构、语言特点等。其主要目的在于增加学生的参与程度，学生只有参与到活动中来，才能积极主动地进行思考、学习，从而对语篇形成一个深入的理解。

第三，独立分析。当学生对语篇体裁有所了解之后，教师可开展独立分析活动，即向学生播放某一体裁的典型范文，让学生模仿教师在体裁分析中所用的方法对范文进行分析，即从语言和文化两个方面进行分析。独立分析打破了教师垄断课堂的局面，学生具有自主和独立思考的机会。

第四，模仿使用。学生通过自主分析掌握了材料的体裁特征后，教师可根据交际目的去选择社会公认的模式，让学生使用英语进行有效的交际，使学生在实际运用中牢牢掌握所学的体裁特征，学以致用。

（三）任务型教学法

教师可采用任务型教学法开展听力教学。任务型听力教学主要让学生通过完成一个个真实的听力任务，进而培养学生的听力理解能力。学生在完成这些真实听力任务的过程中，能够充分发挥自己对事物的认知能力，使学生在积极参与、互动、合作的活动中发展自己的听力能力，同时培养自身的自主学习能力、合作意义和探索精神。任务型听力教学强调学习任务的真实性，具体包含以下三个阶段。

第一，听前任务阶段。听前任务阶段的主要任务是做准备，在这一阶段教师要帮助学生激活已有的与听力材料相关的各种知识，并根据听力材料的内容适当地给学生补充背景知识，同时激发学生的学习动机。背景知识具体包含两方面内容：①文化背景知识；②形式背景知识。前者指的是对不同国家社会与文化的了解，后者指的是对文章文体、类型、组织结构等语言知识的了解。在听前帮助学生回忆已有的知识，减低了学生听力理解的难度，使学生将旧的知识和新的知识结合在一起，使学生在完成任务的过程中获得成就感。

第二，听时任务阶段。听时任务阶段也就是听力实践阶段，主要是训练学生在适应语音、语速、语调的基础上，获悉文章大意、捕捉文章主要信息的能力，保证学生听的有效性。在这一阶段，教师可以设计一些具体任务。例如，教师可以设计一些细节问题，让学生重复听录音之后，再口头回答；或是一些文章中没有具体答案的问题，这样的问题开放性强，学生通过听前的图式建构和听中的信息获取积累更多的相关知识背景，因此可以在讨论中更加积极地发言。此外，教师也可以设计一些其他形式的口语练习，激发学生参与的积极性。

第三，听后任务阶段。听后任务阶段是结合学生听力任务展示所反映的问题进行词汇、语法以及听力策略的专项训练。听后活动的主要任务不仅仅是检查答案，而且应该查找学生存在的问题，针对问题进行相关的指导。此外，由于听力材料一般都会包含一些运用语言的良好例证，如建议、邀请、拒绝、道歉等。在听力实践后，教师可以让学生回忆这些表达方法，学习使用它们。

（四）文化教学方法

听力与文化有着密切的关系，而且深受文化的影响。所以，在大学英语听力课堂教学中，教师应有意识地向学生灌输文化知识，采用语言教学与文化教学相融合的方法，进而培养学生的文化意识，起到提高学生英语听力能力和跨文化交际能力的作用。教师可合理地采纳以下文化教学方法进行听力教学。

第一，通过词汇导入。词汇是语言的基本要素，并且蕴含着丰富的文化内涵，所以要了解西方文化，首先要从词汇开始。而且，掌握大量的词汇也是保证听力顺利进行的基础，因为如果连基本的词汇都不知道，那么听力也不可能往下进行了。下面以“龙（dragon）”为例来进行说明。在中国，“龙”是民族精神的象征，也是中华民族的标志，享有极高的地位。但是在西方国家，“dragon”则是一只长着翅膀、身上有鳞、拖着长尾、口中喷火的大蜥蜴，代表着罪恶。很明显，虽然“龙”与“dragon”的字面意思相同，但内涵意义却相差甚远。所以要想提高学生的听力水平，首先要从词汇抓起，在扩大学生词汇量的同时，也要加深学生对词汇内涵的了解，丰富学生的文化知识。

第二，通过习语导入。习语是人类智慧的结晶，也是语言的精华，蕴含着丰富的文化含义。在日常交际过程中，西方人经常会用到各种习语，如果不了解习语的文化含义，就很难理解话语的含义。所以在教学过程中，教师可以有意识地向学生输入一些英语习语，以充实学生的文化知识，为学生的听力奠定基础。

第三，通过风俗导入。话语交际的涉及面非常广，会涉及生活的各个方面，所以在培养学生听力能力的过程中除了要学生掌握基本的语言知识、交际功能、习语文化，还要了解一些基本的风俗文化，如打招呼、称呼、感谢、赞扬、谦虚等，了解并掌握这些对听力能力的提高具有重要的作用。在具体的教学过程中，教师可以设计情景对话，或者让学生进行角色扮演，以使学生真正置身于英语环境中，让他们感受英汉文化之间的差异，听取地道的英语表达，进而提高他们的英语听力能力。

第四，通过网络多媒体导入。随着科学技术的快速发展，教学手段逐渐高科技化，多媒体网络设备已普遍运用于大学英语教学。多媒体将图像与声音结合在一起，具有形象、生动、直观的特点，这对激发学生思维活跃度并且培养他们的兴趣具有重要意义，而且能更加有效地传递信息。因此，在听力课堂教学中，教师应通过多媒体网络设备向学生输入英语文化知识，进行听力练习。此外，网络资源非常丰富，而且具有不受时间和空间限制的特点，教师可以引导学生通过网络接触到更多的地道的听力资源，这可以有效地提高学生的听力水平，促进学生形成自主学习能力。

第五，通过课外活动导入。在中国，课堂教学是培养学生听力技能、教授学生文化知识的主要场所，但毕竟课堂时间是有限的，学生很难在有限的时间里学习全面的文化知识、掌握扎实的听力能力。因此，课外活动就成了学生学习听力知识、补充文化内容、培养听力能力的重要方式。课外活动可以丰富学生的课余生活，更能提高学生的人文修养。具体而言，可通过以下方式来丰富学生的文化知识，提高学生的听力能力。①教师可引导和鼓励学生在课外多阅读一些英文书籍或报刊，以使学生在阅读的过程中感受和了解英语国家的文化风俗。教师可以为学生列出一些具体的书单，这些书单要反映西方的文化，并要求学生在课后完成阅读，同时书写读书笔记。②教师可有针对性地开展一些选修课与讲座，向学生系统地介绍一些西方文化，同时兼顾听力能力的训练，使学生的听力学习与文化导入相结合。

第二节 信息化背景下大学英语口语教学的改革

口语是人类交流信息和表达思想的重要方式之一，也是学生学习的重要能力。中国大学生的英语口语水平一直较低，学了多年英语仍然不能流利地与他人进行交流。因此，为了提高中国学生的英语口语表达能力，大学英语口语教学应积极进行改革。教师在教学中要选用多样化的教学方法，以激发学生的学习兴趣，提高学生的学习能力，同时学生也应积极开展自主学习以调动学习口语的内在动力。

一、信息化时代下大学英语口语教学内容

英语口语课堂教学是以培养学生口头交际能力为目的的教学，其教学内容包含语音、词汇、语法、会话技巧、文化知识等。

（一）口语学习的基础——语音

语音是英语口语学习的基础，相同的句子因语调不同，句子所表达的意思也不相同。无论发音有误，还是语调发生变化，都可能引起理解困难，甚至是理解错误，因此英语口语教学的内容首先就是正确的发音和语调。具体来讲，英语口语教学中的语音主要包括音节、重读、弱读、连读、意群、停顿、语调等。

（二）语言能力的核心——词汇

语言能力的培养是交际能力培养中至关重要的一个环节，而词汇则是使交际得以进行的语言能力的核心。口语表达是一种创造性的技能，对整个交流过程中的思想文化表达，他们都需要词汇来做填充。在英语教学中，许多学生对单词的所谓“掌握”只是一般性的识记中文释义和会拼写，却不能脱口而出地使用词语造出句子。可见，语言交际框架的最基础阶段和层次的问题没有得到解决，这种情况下学生的口头表达能力也很难得到提高。

因此，学生口语能力差的最根本原因之一是词汇掌握程度差。从这个意义上说，口语教学的内容离不开词汇教学，且词汇教学应该交际化。要实现词汇教学的交际化，口语教学须从语音，从单词的音、形、义的练习以及词的搭配、造句入手，扩大学生的积极词汇，这是提高学生口语能力的有效途径，也是提高学生口语能力的前提和关键。

（三）语言运用的基本——语法

语法是语言运用的基本法则，也是词汇组成句子的重要规则，要想实现沟通的目的必须构建出符合语法规则的句子，只有句子符合语法规则才可以被听者理解。所以语法也是大学英语口语教学的重要内容。语法教学交际化包括以下方面。

第一，训练学生听懂特定的口语句型。

第二，训练学生熟练地使用语法句型表达自己的思想。

第三，向学生讲授口语句型的特点，并对此进行专项训练。

有的教师和学生把词汇教学、语法教学与口语教学对立起来，这是口语教学中的一个严重的认识误区。事实上，词汇和语法都对学生的口语技能起着至关重要的作用。词汇是表达的基础，语法是表达的规范，若离开词汇和语法，口语也就无法表达。

（四）得体交际的基础——会话技巧

为了能够使用英语得体地进行语言交际活动，学生在学习英语口语时必须学习、掌握一些会话技巧。话题转换技巧对会话的成功起着至关重要的作用。对于本族语者而言，话题转换很容易而且很自然地就可学会，但是对于二语学习者而言却并非易事。无论第一语言的口语学习，还是第二语言的口语学习，都必须学习关于交际的知识和互动的技能。

（五）有效交际的基础——文化知识

有效的交际不仅需要学生准确地表达语言，还需要学生得体地表达语言。得体的表达除了需要较丰富的语言知识储备外，还要具备一定的文化知识，只有这样学生在口语交际过程中才能使语言表达符合相应的文化氛围和语言环境。

二、信息化时代下大学英语口语教学原则

英语口语课堂教学的开展应根据学生的具体情况遵循相应的教学原则，这样才能使口语教学更加有效和有序地进行。具体来讲，英语口语课堂教学可以遵循以下原则。

（一）循序渐进原则

在大学英语口语教学中首先应遵循循序渐进原则。所谓“遵循循序渐进原则”，是指在口语教学中要根据学生的实际情况逐步深入。例如，如果学生在讲英文时发音不是很标

准，教师需要根据不同学生的英语发音特点以及难点及时进行引导，并且教师应该适时地对学生进行鼓励。此外，教师在设定具体的教学目标时也应循序渐进、合理安排，不应过于困难，也不应该过于简单。总而言之，教师要把握好度，循序渐进地开展口语教学。

（二）以听为主原则

听是说的前提和保障，因此英语口语课堂教学的开展就要按照这一规律，遵循先听后说的原则，即以听为原则，通过听来促进说，从而提高学生的口语表达能力。在交际过程中，听和说相辅相成，在听英语的基础上练习说英语，才能保证后者的训练顺利进行。只有经过大量的听力练习后，学生积累了足够量的知识储备后才会产生想要讲的渴望，这时他们才能进行真正意义上的会话。对此，在英语口语教学中，教师应引导学生进行大量的听力训练，使学生储备大量的语言知识，进而提高学生的口语能力。

（三）多元化原则

在口语教学中遵循多样化原则，可以有效激发学生的学习兴趣和积极性。所谓“多元化原则”，是指教师在教学中采用非单一的教学方法和手段进行口语的教学。教师可以根据不同的教学目标制定不同的教学内容，采用非单一的教学方法。同时，教师还可以充分利用学校的教学设备，尽量多地让学生接触到地道的英语，从而有效地培养学生的口语能力。

（四）课堂和课外活动相结合原则

课堂教学一直是大学生在学习英语时的重要知识来源之一，许多的教师将课堂视作学生口语能力提高的关键场所。课堂教学时间毕竟是有限的，在有限的时间内学生不可能充分进行口语练习。但在大学阶段，学生有充足的课余时间，课外活动是课堂教学的延伸和补充，教师可以充分利用课外活动为学生提供条件，指导学生通过不同的方式来操练自己的口语能力，如组织英语角、英语演讲比赛等，让学生在课外活动中积极复习、巩固课堂所学知识，并激发学生说英语的兴趣，从而有效地提高学生的口语交际能力。

（五）适当纠错原则

在口语学习过程中，学生会出现各种各样的错误，而这些错误的出现有时也是不可避免的。有些教师会匆忙打断学生的交流给他们纠错，这样的做法是不可取的，这样不仅会打乱学生的思路，还会挫伤学生的自信心，增加学生的恐惧心理，进而失去说的勇气。因此，教师应在学生谈话之后采用一定的纠错方法，针对不同学生个性化的错误，进行区别后结合实际情况单独处理。这样，既不会损伤学生的信心，还能使学生意识到自身的错误，从而使其口语能力得到提升。

三、信息化时代下大学英语口语教学方法

对大学英语口语教学方法进行改革，并灵活、有效地运用多样化的教学方法，对于解决教学中存在的问题、培养学生的口语能力、提高口语教学的效率至关重要。在信息化的时代下，教师可以采用以下方法开展口语教学。

（一）交际型教学方法

英语口语教学的主要目的就是培养学生用英语进行交际的能力，而交际教学策略正是以此为导向，重点培养学生的交际能力。交际教学法视教学过程为交际过程，注重学生语言的功能，认为教学内容应以语言功能为主，强调让学生在真实情景中展开交际活动，从而提升表达能力。通常而言，交际教学法包含以下活动形式。

1. 呈现活动

呈现活动是交际活动中最为简单的一种，但对一节课的成功却起着至关重要的作用。呈现活动要求教师创设一种意思清晰明了的情境，让学生在这种情境中自然地说出新的语言。同时，语言项目呈现的方式要随情境、时间、场合以及内容的不同而变化，这样才能使学生有身临其境之感，也才能使学生对语言材料的含义有更深的了解。在呈现活动中，教师可利用图片、挂图、投影仪、多媒体等形式呈现交际情境，吸引学生的注意力，然后要求学生根据图片和画面等展开叙述，以锻炼学生的口语表达能力。

2. 创设情境

学习英语口语的最终目的就是交际，即应付实际生活中可能遇到的交际活动。因此，英语口语教学活动必须贴近学生的实际生活，使其能在真实的交际情境中掌握交际的要领。这就要求教师在英语口语教学中创设各种真实自然的情境，变抽象的语言教学为情境化、形象化、具体化的教学，营造出轻松愉快的课堂氛围，促进学生积极表达。总而言之，创设情境非常有利于提高学生口语学习能力以及效率。下面分析三种创设情境的方式。

（1）角色扮演。角色扮演是能有效调动学生学习积极性的重要教学手段，它简便易

行，且能成功地避免一些机械、重复、单调的练习，能有效锻炼学生的口语表达能力，深受学生的喜爱。在角色表演中，教师要为学生提供一个真实情境，并给出情境中的人物角色，让学生扮演角色进行交际。角色扮演能够给学生提供在不同场景里以不同的社会身份交际的机会，这样可使学生全身心地投入到活动中。角色扮演中的学生是活动的主要参与者，其可以自行分配角色预先排练，然后在全班同学面前表演，而教师只在必要时进行适时的指导，尽量不要干预。表演完成以后，教师要适时、恰当地指出表演和口语表达上的不足以及优点。

（2）配音。除角色扮演之外，配音也是一种非常有效的情境创设方式，其操作方式简单，而且灵活多样。教师既可以直接消除视频材料中原来的声音，让学生根据画面场景自由发挥想象并配音，也可以要求学生先听一遍原声对白，讲解完语言点后再播放两遍让学生背诵台词；然后消除视频的声音，让学生对照画面回忆台词，再进行配音。配音活动能有效地激发学生的参与兴趣，而且能引发学生主动思考、积极表达。通过这一活动，学生的口语能力能在无形中得到提高。

（3）发现并解决问题。在口语学习过程中，学生总会遇到各种不同的问题，因此解决问题就成了口语中一项重要的活动，即要求学生依据指示去发现和解决问题。在英语口语教学中，教师可随时保持和学生之间的交流，学生可以边交流边发现自己在表达时的困难、错误。口语能力较差的学生可以通过教师的指导发现和解决问题，口语能力较强的学生则可通过自己的努力解决问题。交流的时间没有限制，可在课前、课中，也可在课后。通过这一活动，学生不仅会积极主动地探索和发现问题，还会努力地寻求解决问题的答案，进而学生就会从被动的接受者逐渐转变为积极的探索者。

（二）影视教学方法

网络技术的进步使大学英语口语教学过程中应用影视教学法成为可能。英语原版影视具有强烈的视觉冲击力，其文化性与故事性强，能够极大地降低学生的学习焦虑，并从视、听、说等方面将学生的积极性与注意力调动起来，提高其认知能力与理解能力，达到寓教于乐、陶冶情操、拓展思维的效果。因此，教师可将影视教学法在提高学生英语口语能力方面的作用充分发挥出来。一般而言，大学英语口语教学中采取影视教学法可从以下方面着手。

第一，教师在选择影视资料时，应以不同的教学目标、学生的现有英语水平以及影视资料的难度等作为主要依据，要使所选择的影视资料既有利于既定教学目标的实现，又与学生的英语水平相适应，既不会过于简单，又不会难度过大。此外，影视资料的内容要体现英语国家的文化特征，以便帮助学生拓宽视野、拓宽思路。

第二，教师应在课前对影视资料进行适当的剪辑，并据此来设计相应的口语练习活动。例如，如果选用电影中的情景，教师可将片段剪辑出来，并采取以下十个教学步骤。

一是向学生介绍影视资料的主题。

二是向学生介绍影视资料的主要情景。

三是为学生介绍活动中可能用到的动词。

四是将学生分成两人一组，安排一人担任观看者，另一人担任倾听者。

五是为学生讲解任务要求。具体而言，观看者只负责观看，应放下耳机或塞住耳朵，不听声音及时记下所看到动作相对应的动词，并对面部表情、手势、体势等非言语交际和情景给予特别关注；倾听者则需要背对屏幕，只靠耳朵来捕捉信息，并及时记录下一些关键词。

六是为学生播放影视资料。教师可重复播放多次，以保证学生尽自己最大的努力来完成任务。

七是安排学生在组内互相交流获得的信息，即由倾听者表述自己听到的信息，由观看者表演自己看到的动作。

八是由各组轮流为大家表演。

九是再次播放影视资料，全体同学可以同时听和看。

十是教师对影视资料进行讲解，对同学的表现进行点评、分析与指导。

此外，为了有效调动学生的学习热情，将学生的特长发挥出来，从而达到满意的教学效果，教师在课前可将一些准备工作交给有能力的学生，如安排学生辨别语音语调，查找、核对影视资料中的生词熟语或者编辑视频资料。

（三）技术型教学方法

移动通信技术不仅为人们提供了一种丰富、生动且不受时空限制的信息交流方式，其在语言学习方面的提高学习效率、丰富学习交互、扩展学习时间等优势也逐渐显现。因此，越来越多的学者开始关注如何将移动技术与大学英语教学，特别是口语教学进行有机结合，并从多个角度对这种新的教学方法进行界定。在大学英语口语教学中采取移动技术教学法可为学生的口语练习提供全方位的支持，丰富学生与英语的接触机会，并实现课内与课外的相互连接。移动技术支持的大学英语口语教学的基本流程如下。

第一，课前自学。在课前，教师对本单元的文化语境、相关知识点进行综合考虑，并据此制作长度适中的音频或视频短片，通过播客传递给学生。学生通过移动设备取得音频或视频文件后，可根据自己的实际情况安排选择适当的时间、地点进行自主学习。在这一过程中，学生应完成相应的选择题或录音形式的口语作答，这有利于教师了解他们的学习情况。此外，课前的活动还能引导学生激活已有的背景知识，并事先进行充分的口语练习，有效地降低焦虑、自卑、害羞等带来的负面影响。

第二，教师讲解。由于学生已经在课前对相关内容进行了自主学习，对知识点已有所熟悉，因此教师的讲解主要集中在一些重要的词汇、句式与语法项目上，讲解过程也不会像传统课堂那样枯燥。教师可在讲解过程中再次为学生播放音频或视频资料，从而使学生将所讲的知识与语言材料结合起来进行理解。一般而言，教师可采取三个步骤：一是教师先讲，学生后练；二是教师先做示范，学生及时领会；三是教师提问，学生回答。在这三个步骤中，学生得以进行大量的口语训练活动，从而深化对材料的认知程度。

第三，课堂互动。课堂互动可采取生生互动、师生互动等形式，旨在引导学生在具体语境中对语言进行灵活运用。这里需要注意的是，教师在设计互动活动时应坚持由易到难、由浅入深的原则，将机械性练习与灵活性练习、创造性练习与半机械性练习、高难度练习与可接受性练习相结合。课堂互动能创造愉快、轻松的学习氛围，为每个学生提供参与的机会，有效地弥补大班上课的缺点，使一些害怕开口的学生也敢于进行英语交流。这里需要特别说明的是，学生在参与互动活动的过程中可以随时通过移动设备来查找相关信息，使移动技术真正成为口语教学的得力助手。

第四，课后的移动式合作学习。课堂教学时间往往是有限的，只能引导学生对新知识进行初级的认知与练习，因此要想在真实情境中对语言进行更深层次的运用，则必须依靠课后的时间。教师可以本单元的主要内容与知识点为依据，为学生安排开放式的真实任务，以此来引导学生通过合作方式进行口语交际，使他们在探索语言运用方式的过程中扩展新知，并在发现问题、分析问题、解决问题的过程中培养创新思维。

为保证每个学生可以顺利完成任务并在任务的完成过程中有所收获，教师可以学生的课堂表现为依据来进行分组。具体而言，教师可用短信的方式来通知学生分组情况与具体任务，使他们的合作学习得以顺利开展。学生在完成任务时可充分利用移动技术进行沟通，使学生之间、师生之间保持信息的通畅。学生可将自己的任务上传给教师，教师则可在阅览后进行及时回复并给出适当的建议。

（四）微信教学方法

微信软件是一款支持多人语音对话与图片、文字、视频传输的即时通信软件，这款软件的便捷操作与强大功能不仅吸引了众多用户，也引起了英语教育工作者的关注，以微信为平台来展开英语教学，特别是英语口语教学成为很多人的关注焦点。

为对学生的英语水平有一个准确的把握，教师可通过微信与学生进行一对一的交流。此外，教师与学生之间还可建立多对多的群交流，教师也可以参与学生群的活动。微信提供的语音支持为师生之间的交流提供了便利，极大地缩短了沟通时间，提高了沟通效率。通过微信进行交流，避免了课堂气氛带来的紧张情绪，有利于激发学生的学习热情，使学生能够以一种相对轻松的心态来参与英语学习活动。此外，教师可以通过微信来建立英语视听说教学的公众号，以一对多的方式向学生发送以图片、文字、音频、视频等形式呈现的英语材料去安排口语任务。学生接受资料与任务后就可根据自己的时间自行安排学习，在遇到问题时也可随时跟教师、同学交流，并在任务完成后进行上传。为了帮助一些能力较强的学生继续进步，教师还可以为学生推荐一些较好的英语学习的微信公众平台，以便他们在课下自行练习。具体而言，以微信为平台来开展英语口语教学应注意以下方面的问题。

第一，教师对学习材料的选取应坚持循序渐进的原则，即按照由易到难的顺序。这是因为大部分学生的英语口语能力都较差，如果刚开始就选择有一定难度的材料，会使他们望而却步。相反，选择一些难度适中的材料，让他们能够听得懂、有话讲，对他们克服练习中的害羞、紧张、焦虑情绪十分有利，从而树立信心，坚持练习，为后续的能力提升奠定基础。

第二，教师通过微信公众平台发送资料时可进行合理选择，应多选一些短小精悍、设计精巧、主题鲜明、相关度高的资料。例如，教师可围绕“圣诞节”这一主题来选取相关的视、听、说资料，内容可涉及圣诞节的由来、圣诞节的常用祝福语、相关词汇、相关歌曲等。然后，教师可安排学生完成一些与圣诞祝福相关的口语练习任务，使学生在完成任务的过程中提高口语能力。

第三，教师应对微信群的人数进行合理控制。一般而言，一个微信群的人数应控制在 15 人以内。如果班级人数众多，则可根据学生的爱好与水平进行分组或分层。

第四，教师应对微信群的讨论内容进行监控，应使讨论围绕英语口语话题展开，防止学生讨论与英语学习无关的内容。

（五）任务型教学方法

任务型教学法包含以下三个实施步骤。

第一，任务前。任务前阶段也就是准备阶段，在此阶段教师要帮助学生做一些准备工作，可以是语言知识上的准备，也可以就话题做准备，以便为下一阶段任务的开展打好基础。在呈现任务时，教师要结合学生的生活和学习经验，创设有主题的情境，以此激发学生的好奇心和兴趣。教师要为学生提供与话题有关的环境及思维的方向，并把学生已有的知识与要学习的新知识建立一定的关系，以此调动学生说的欲望，引导学生对新课产生兴趣和期望。

第二，任务中。任务中的阶段也就是实施任务阶段，这是整个教学过程中非常重要的一个阶段。学生在接受任务后，可以采用多种方式来实施任务，如采取结对子或小组自由组合的形式，也可以由教师设计许多小任务以构成任务链等。结对子或小组自由组合的形式可以使每个学生都有机会练习口语，教师设计许多小任务以构成任务链这种形式可以培养学生合作互助的精神。在完成之后，学生可根据口语任务主动收集资料，学习课外知识，以不断积累口语语料的储备。在这个阶段，教师在活动中起到的主要作用是指导和监督，以确保学生活动的有序进行，当然教师也可以参与其中，这样更加有利于调动学生的参与积极性。

第三，任务后。任务完成之后，教师就需要安排各小组派出代表向全班汇报任务的完成情况，教师总结任务，并且对学生完成任务的情况做出相应的评价。教师在评价时，要注意多对学生表现出他们持肯定态度，多提出鼓励和表扬，并评出最佳小组，让学生在完成任务之后品尝到成功的喜悦，同时也要及时指出和纠正学生口语表达中的错误，正确地引导学生。在这一阶段，教师还应为学生总结一些特定任务的口语表达方式，以扩充学生的知识积累。

总体而言，在具体口语教学过程中，教师可根据教学情况和学生情况选用适合学生实际的教学方法开展教学，从而达到培养口语能力、提高教学效率的目的。

第三节　信息化背景下大学英语阅读教学的改革

阅读是语言学习的一个最重要的环节，也是语言使用最重要的技能，同时还是人们获取信息的一种最重要的途径。

一、信息化时代下大学英语阅读教学内容

大学英语阅读教学的任务是培养学生的各种阅读技能，通常包含以下方面的内容：第一，辨认单词；第二，猜测陌生词语；第三，理解句子之间的关系；第四，理解句子及言语的交际意义；第五，辨认语篇指示词语；第六，通过衔接词理解文字各部分之间的意义关系；第七，从支撑细节中理解主题；第八，将信息图表化；第九，确定文章语篇的主要观点或主要信息；第十，总结文章的主要信息；第十一，培养基本的推理技巧；第十二，培养跳读技巧。

二、信息化时代下大学英语阅读教学原则

（一）循序渐进原则

学生阅读水平的提高是一个逐步深入的过程，而阅读教学目标的实现是一个合理的总体规划和长远规划的过程，不可能立马实现。因此，在阅读教学过程中，教师应遵循逐步深入原则，对阅读材料的选择、阅读方法的选择、阅读任务的完成等进行细致周密的考虑，并引导学生寻求最适合自己的学习方法，扎扎实实地学习，最终完成阅读任务，提高阅读水平。

（二）逐层设问原则

提问是课堂教学的必然环节。这里需要指出的是，提问也应讲究一定的原则和策略，不能盲目发问，否则就会影响提问的初衷。逐层设问原则要求教师提出的问题必须具有一定的层次性，即问题应由易到难、由浅入深，使学生通过回答简单的问题而获得自信，在回答较难的问题时更愿意开动脑筋、积极思考，挑战自我，获得成功。如此一来，学生便可在教师的引导下逐步提高阅读理解的能力。

（三）尊重个性原则

在教学过程中，遵循因材施教原则是指教师要根据学生的个体差异，采用不同的教学方式，力争使每位学生都能相应地发展阅读技能。例如，有些学生的基础较好，有着浓厚的学习兴趣，基本阅读根本不能满足他们的阅读欲望，针对这样的学生，为满足其阅读的

欲望，教师可布置一些具有挑战性的阅读任务，或向其推荐一些名著等。而有的学生阅读基础较差，常因为自己较差的成绩而失去信心，对于这样的学生，教师应在教学过程中不断地鼓励和表扬他们，以使他们重新建立信心，同时给他们布置一些难度较小的阅读任务，然后逐步增加难度，让他们不断进步。总而言之，教师要关注每位学生的特点，并根据学生的特点采用不同的教学手段，以显著提高教学效果。

（四）流畅和准确并举原则

在英语阅读教学中有一种普遍的现象，有的学生明明具备完善的英语知识系统和技能，然而在阅读的流畅度方面却表现得不尽如人意。这是因为他们过于注重阅读的准确度，却忽视了阅读的流畅度。准确度和流畅度是阅读教学中较为鲜明的矛盾，然而教师一定要找到解决这对矛盾的对策，才能实现教学目标。大学英语教师要在准确度和流畅度二者之间找到一个平衡点，帮助学生在这两方面有着同样的提升。实际上，提高学生的阅读速度，其目的就在于提高其阅读的流畅度。在阅读中，教师要指导学生有意识地摆脱词汇识别目标的束缚，从而将大部分的精力放在阅读材料的内容和意义上。另外，“反复阅读”是提高阅读速度的有效途径。教师指导学生通过反复阅读一篇文章，就会惊喜地发现学生阅读的准确度和流畅度都在不断提升。并且，对于同样的一篇阅读材料，快速读两遍比慢读一遍容易取得更好的效果。

（五）综合阅读原则

阅读方式可以分为三种：精读、泛读和快读。其中，精读是高质量的阅读，注重阅读的准确性。精读能够帮助学生巩固和拓展词汇、语法以及语篇知识，提高分析性阅读的能力；泛读比较注重阅读的流利程度以及阅读量，它能够培养学生的语感，使学生更接近真实的英语语言材料；快读比较重视阅读的速度，对阅读技巧的要求更高，否则将无法满足速度要求。总体而言，精读、泛读和快读三者之间是相互联系、相互配合的。精读是泛读的基础，泛读是快读的基础，快读能够使精读更深刻，使泛读更广泛，三者相辅相成，缺一不可。就目前国内的大学英语阅读教学现状而言，普遍存在重精读、慢读，轻泛读和快读的问题。这种现象一方面导致学生阅读量不足、阅读速度慢、阅读质量差的问题；另一方面，语言输入不足还直接影响了提高学生阅读能力的进度，并最终影响学生总体语言水平的提高。对此，英语阅读课堂教学应坚持综合性原则，将精读、泛读、快读结合起来，不仅要重视精读教学，还应注意培养学生的泛读和快读能力，做到“精、泛、快”三者相结合，全面提升学生的阅读水平。

（六）注重语篇结构意识原则

在大学英语阅读教学中，教师要注意给学生讲授不同文体的不同组织形式，也就是文体的结构与语篇的组织形式。不同的文章，其结构形式存在很大的差异。以说明文为例，学生要认识到说明文用以解说事物、阐明事理，通过揭示概念来对事物的特征、本质以及规律性进行说明，给学生提供各类科学知识。对说明文的概念特征了解之后，在阅读中就要对事物的解说、事理的阐明给以特别的关注，从许多重要的概念中形成被说明事物的总体印象，接着再利用次要的概念对这一印象进行补充，使事物在脑海中的形象更为具体和丰富。这样，就是从语篇角度出发，强调段落结构，从整体上对文章进行把握，便于获取总体信息。

三、信息化时代下大学英语阅读教学方法

（一）提问教学方法

在使用提问法时，教师应以阅读材料和教学目标为依据，通过灵活的提问方式将整体教学策略细化到段落和章节中。这里需要注意的是提问时应把握好问题的频率和难度，不能刚上课就提出很难的问题，也不能频繁提问。具体而言，提问教学法主要涉及提问的类型及方式两个方面。

第一，提问的类型。一般来说，提问包括以下类型。

一是需要表层理解的问题，即提问能够在材料中直接找到答案的问题。

二是信息进行组织或解释。

三是需要评价性理解的问题，即要求学生根据材料内容做出正确判断。

四是需要推理性理解的问题，即要求学生通过对材料隐含意思的认真思考而做出正确的推理。

五是需要个人理解的问题，即提问学生对于材料内容的理解和反应。

第二，提问的形式。不同的问题所使用的常用句式也不尽相同，通常包括以下类型。

一是关于细节信息的提问。

二是关于信息归类的提问。

三是关于作者观点的提问。

四是关于文章主旨的提问。

五是关于句意推断的提问。

（二）批判阅读方法

批判性阅读法强调对学生批判性思维能力的培养。它鼓励学生在阅读过程中用批判性的思维提出问题，综合分析判断作者要传达的明确观点内容。具体而言，批判性阅读教学法可分为以下步骤。

第一，读前讨论。读前的讨论是学生在阅读学习前设疑和质疑知识的过程。在阅读文本之前，教师应有意识地引导学生根据教学内容的标题、信息词、关键词等有限的信息对阅读的内容进行预测，并在其知识储备中对相关的信息进行检索，确认后整理、归纳，最后设疑。提问的方式也最好采取派对式、师生问答式以及自言自语式等。阅读前，设置这些讨论式设疑或预测活动对激活学生的已有知识非常有帮助，并且还能很好地激发学生探求未知愿望、兴趣等。

第二，读中任务。阅读过程也是分析与解惑的过程。具体而言，在阅读的过程中，教师应当及时引导学生携带事先的疑问和期待、粗略地通读全文并了解文章的大意、确定文章所讨论的主题，并且得出相应的结论，继而对作者的相关观点进行逐一解读。此外，教师还应大力鼓励学生从上下文的关键线索以及已有相关图式来猜测和推断文章当中，学生不熟悉的词汇意思和句意。教师可以梳理一些共性的问题，并且记录在黑板上组织学生进行讨论。在具体的讨论过程中，具体采取哪种形式应根据所提问题的多寡以及复杂程度来定，如可采取全班集体讨论、四人小组或两人派对等形式。在运用批判性阅读教学法进行教学时，教师的任何举措都应围绕着“培养学生的批判性思维能力”这一关键点来实现。

第三，读后练习。读后练习既是总结与写作的过程，也是学生对知识巩固和发展的过程。由于阅读课上的讨论往往会受到时间的限制，要想将阅读过程中遇到的所有问题都讨论透彻不太可能，因而这就需要学生在课后针对一些感兴趣的问题进行独立、深入的思考。这一阶段的总结和写作是将批判性思维加以内化的非常有效的手段。教师还可以借助于布置家庭作业的方式使批判性阅读在课堂之外得到很好的延伸，此时进行写作可以根据实际情况变换写作体裁，如采取写小评论、读后感、小报道以及阅读日志等形式。

第四，整体回归。传统的阅读教学环节最多包含上述三个，但批判性阅读教学还十分重视阅读结束后的整体回归，即批判与反思环节。因为要想检验阅读过程中的环节做得是否准确到位，需要借助阅读后的评价和反馈来协助实现。因此，写作不仅不是阅读的结束，反而是阅读回归的过程，即批判和反思的过程。

（三）技巧教学方法

学生在阅读过程中难免会遇到各种问题，只有灵活采用各种阅读技巧，才能保证阅读活动的顺利进行。因此，教师在阅读教学过程中应注意向学生传授各种阅读技巧，具体而言主要涉及阅读前的准备技巧、阅读中的技巧以及阅读后的技巧。

1. 阅读前的技巧

（1）以旧的语法知识引出新的语法知识。语法知识在学生阅读中起着至关重要的作用，只有语法知识掌握得扎实，学生在阅读过程中才会通畅顺利，从而准确地理解文意。一般而言，课文中的语法知识会同时出现在几个单元中，据此教师可以不断、重复地提及重复出现或之前已经学过的语法，以帮助学生巩固知识、增强记忆。这里需要注意的一点是由于学习难度的自然规律，即难度是渐进不断增强的，因此新知识的引入要在旧知识的基础上进行。

（2）了解所学语言国家的文化背景。学生在阅读文章时不仅学习相关的语言知识，也是对文章涉及时代文化知识的了解和学习，这种学习从某种程度而言比学习语言知识本身更加重要，因为学生只有充分了解文化背景，才能真正顺利有效地实现沟通。所以，教师在阅读教学前，向学生介绍一些相关社会文化的背景知识，非常有利于学生理解所阅读的内容，异域文化知识可以引发学生阅读下去的兴趣。例如，在教授“复活节”有关的课文时，教师就有必要在课前准备一些相关的资料介绍展示给学生，并与学生进行相关的讨论，以唤起学生已储备的知识和相关的生活经验，激发学生的兴趣，让学生交流观后感，并得出一个大致的结论，然后再进入课文，一步步地解决问题，这样课文也就很容易理解了。

（3）预测情节。情节预测可以巩固学生对已有知识的掌握，培养学生的逻辑推理能力，促进学生准确把握文章的主旨大意的能力。教师可以在课前让学生根据题目或一些关键词大胆想象，合理预测，从而激发学生的好奇心，引发学生阅读的兴趣。

2. 阅读当中的技巧

学生在阅读当中用到的阅读技巧主要包括以下六方面。

（1）略读。略读只需选读每段的首、尾句，它的目的主要是了解文章的大致内容，有时只要指出段落的主题句，抓住阐述主题的主要事实或细节即可。

（2）扫读。学生在扫读过程中，那些与题目无关的信息可以忽略，扫读不要求学生仔细阅读整篇文章，而是需要积极寻找那些与题目要求相关的信息，提高阅读效率。

（3）跳读。跳读多用于阅读目的比较明确时，学生只需要针对阅读目的在正文中进行相应的查找和阅读即可，其他信息可以跳过不看。例如，如果想知道在何地发生了何事，学生可以格外关注文章中关于方位和事情经过的内容。又如，学生在做阅读理解题时，可以根据问题提供的线索再回到文中去，明确到哪里去寻找所需的相关信息。

（4）信息转换。在阅读教学中为了将文章信息尽可能多地保留在记忆当中，可以进行信息转换加深印象。一般情况下，常使用的转换方式包括表格、地图、图画、树形图、循环图、流程图、条形统计图、添加小标题、圆形分格统计图表等。

（5）寻找主题句。学生想确定主题思想，要先找到文章的主题句。主题句通常概括了文章的大意，句子结构相对而言比较简单。主题句的位置非常灵活，一般有三种情况：位于段落开头、位于段落中间、位于段落结尾。英语的表达习惯一般先给出观点和想法，然后再对观点进行具体阐述。因此，主题句一般位于段首。主题句有时也会位于段落的中间，此时段首的句子一般是对主题的铺垫，而主题句之后的段落则是对主题的进一步阐述。有时候，主题句也会位于段尾，关于文章的开头部分作者是对细节问题的描写，并逐层概括出文章的主题。但是在某些文章中，尤其是多段文章中，无论段首、段尾还是段中，很难找到明显的主题句，实际上这类文章的主题句是融入了段落之中，需要学生仔细捕捉文章细节，概括文章大意。

（6）推理判断。阅读少不了推理判断活动，因为不是所有所需的信息都是能从文章字面上看出来的。可见，推理判断对学生的要求较高，它是一种深层阅读要求，学生应以理解全文为基础，以各个信息为出发点，对文章逐层地进行分析，最后准确地推断总结出文章的中心思想。推理判断主要有直接推理判断和间接推理判断两种。直接推理判断相对简单，它要求学生大致了解文章的意思，并根据所提供的信息合理地推断文章的结论。间接推理判断则比较复杂，学生要自己观察、推理，根据文章的深层内涵推测作者的态度和文章的主题等。

3. 阅读后的技巧

在英语阅读教学中，阅读后的阶段也是一个重要环节。很多教师在阅读的时候认为阅读教学已经结束，对阅读后的教学没有给予足够的重视，这是不可取的。实际上，阅读后的环节也是对知识的巩固过程，教师应及时设计一些与课文内容有关的活动，为学生提供能充分发挥其创造力和想象力的机会，让他们自如地表达读后的感受。概括而言，阅读后的教学方法主要有以下内容。

（1）复述。其前提是学生对阅读材料有了一个大致的了解，并清除了生词障碍。教师可以让学生根据图片和关键词来复述阅读材料的大致内容。

（2）转述。它针对的主要是对话性质的语篇。教师可以引导学生使用第三人称将对话性的语篇转述为描述性的语篇。

（3）填空。它是指学生在阅读完某篇文章之后，教师将文章的大体内容写出来，并在关键信息或细节部分留出空白让学生填补。学生在填写这些内容时，既可以巩固阅读的内容又可以提高自己的语言组织能力。这里需要注意的是，教师要保证所留空的答案最好是可以用不同单词和短语来填写的，进而有效提高学生的知识运用能力。

（4）写作。这里的写作是指阅读材料的续写和仿写，因此对学生水平的要求较高。写作的具体做法是，教师可让学生根据课文内容写出文章的摘要，如果课文是叙述性的文章，教师可以安排学生续写文章，以培养学生的发散思维，扩大学生的想象力。

（四）合作阅读方法

合作阅读是在应用心理学交际理论、层次理论、图式理论的基础上，通过合作的方式帮助学生扩充词汇、培养阅读技巧的一种有效的教学方法。这种教学方法尤其适用于水平参差不齐的班级，通过这种教学方法，学生的词汇量不仅会得到大幅度的增加，阅读理解能力以及合作意识也有很大的提升。合作阅读法的具体实施步骤如下。

第一，读前准备。进行读前准备主要是为了激活学生头脑中的相关图式，以完成以下三项任务：①预测阅读材料的主题与内容；②激活与阅读内容相关的背景知识；③在尽量短的时间内了解与阅读材料相关的信息。因此，充分的读前准备有助于激发学生的阅读兴趣，加深学生对阅读材料的理解程度。

第二，细节阅读。读前准备完成之后，就要进行细节阅读了。细节阅读要求学生认真阅读材料，并把握材料中各部分的信息。经过细节阅读后，学生可以对自己的阅读理解程度有所认识，如哪些内容自己可以理解，哪些不能理解。

第三，大意理解。“大意理解”这一个环节要求学生对材料的掌握做到以下两点。①找出全文的六大要素：时间、地点、人物、起因、经过、结果；②能用自己的语言叙述阅读材料内容，内容要包含以上六个要素。在这一个环节中，教师可先向学生提出一些问题，让学生带着问题去阅读。在阅读之后，可以将学生分成人数相同的若干小组进行讨论，交流观点后归纳出最终答案。讨论结束后，教师可以抽查小组讨论的情况，请某个小组陈述本组的观点，这样不仅可以增进师生之间的交流，还能激发学生的积极参与性。

第四，巩固理解。“巩固理解”这一个环节主要是加深学生对材料的理解程度，同时扩大学生的知识面。在这一个环节中，教师可让学生根据阅读材料进行提问。因学生一直处于被提问的地位，并不擅长提问，提出的问题可能会脱离重点。为避免发生这种情况，让学生提出切实有用的问题，教师可先提出一些问题给学生做示范，使学生了解各种问题的提问方法以及问题与阅读材料之间的关系。

第五，合作学习。到这一阶段，学生对阅读材料以及阅读的策略有一定的了解和掌握，此时就可以开展合作学习活动了。合作学习阶段的具体做法是，教师对学生进行分组，每个小组成员都扮演一定的角色。角色分工如下。

一是组长。组长在活动中的主要任务是确定合作阅读的具体任务，组织和保障合作阅读活动的有效开展。

二是问题专员。问题专员在活动中的主要任务是在学生猜测词义时，用问题卡片提示操作步骤。

三是激励员。激励员在活动中的主要任务是激发组员参与的积极性，评估每个组员的表现，并且为小组下一步的计划提供参考建议。

四是监控员。监控员在活动中的主要任务是监督组员的参与情况，并维持组内的秩序。

五是发言人。发言人在活动中的主要任务是作为本组代表宣布讨论结果。

六是计时员。计时员在活动中的主要任务是掌控合作阅读各阶段的时间。

通过小组合作学习，学生可以在轻松愉悦的心理状态下进行学习和交流，而且通过实践能更深入地了解和认识文本，进而提高听、说、读的综合能力，以及辩证思维和创新的能力。

（五）语篇教学方法

大学英语阅读教学的语篇教学方法，它是从整体结构着手的，进而延展到局部，最后再回归到文章的整体。其具体方法内容如下。

第一，分析语篇体裁。对特定的语篇体裁有所了解，有助于对文章内容进行合理快速的预测。从某种意义上来看，篇章结构的语篇分析是语篇教学的重点，因为这样可以培养学生的阅读理解能力，并且提高学生对语言运用的综合能力。在英语阅读教学中，阅读材料的体裁是多种多样的，但归纳起来，英语阅读材料多以记叙文和说明文为主。以记叙文为例，在进行记叙文阅读教学时，教师要引导学生了解记叙文的特点，并让学生据此进行阅读，同时要提醒学生注意事件发生的过程，引导他们抓住文章的主要内容，从而使他们准确理解文章内容。此外，教师也可以帮助学生记忆文章中的某些细节信息，使学生根据这些信息来复述文章，以减轻学生理解和复述课文的困难。

第二，激活背景知识。对于激活背景知识的意义，在实用技巧教学法中已经强调过。背景知识的激活有助于学生对文章的深层理解，也有助于掌握文章的中心思想和把握作者的写作目的以及思想倾向。而激活背景知识的一种有效手段就是提问。关于提问的方式和类型在提问教学法中做过详细介绍，教师可以灵活参考运用。

第三，将词句融入语境。词句知识是语篇学习的基础，更是培养语篇阅读理解能力的基础。英语中一词多义的现象很普遍，同一个单词处于不同的句子中会有不同的含义。同样，句子也是如此，同一个句子处于不同的语篇中也会有不同的含义和交际功能。所以句子也必须放到具体的语境中去考察，否则脱离了语境的句子就无法确定其交际功能，也不能起到应有的交际功能。所以英语阅读教学不应仅局限于句子层面，而应突破句子的范围，着眼于句子在整个语篇当中的作用。总而言之，如果不影响阅读理解，在处理词、句子和语法时没有必要逐句释义，同时也要培养学生依据上下文揣测词义的能力，使学生能够在语篇的基础上把握词句含义，将词句回归到语篇语境当中。

第四，逐段消化吸收。在这一阶段，学生的主要任务就是逐段消化吸收，获得对语篇的整体理解，同时把握各个段落结构。具体而言，在这一个环节中，教师要将课文中的语言点，如常见短语、句型以及固定搭配等指示出来，指导学生造句练习，以便学生能够熟练掌握和运用。这里需要注意的是，这一环节的实施要遵循精讲多练的原则，并且教师还要有意识地向学生说明段落主题句经常出现的位置、段落的构成、每一段在语篇中的作用等，以使学生从整体上理解和把握各个段落的意义及作用。

第五，进行综合训练。将所学知识内化为语言技能、将语言技能转化为英语交际能力是语篇教学的主要目的。所以当学生对语篇的内容、结构以及融合的知识有了一定的了解和掌握之后，教师就要有意识地引导学生进行整体吸收和运用，鼓励和指导学生根据篇章所提供的信息进行交际活动，如转述、缩写等，围绕作者观点进行讨论，围绕重点词汇和句型进行说写活动等，让学生处在交际的情境中，训练学生的语言表达能力，培养学生的实际交际能力。

第四节　信息化背景下大学英语写作教学的改革

一、信息化时代下大学英语写作教学内容

（一）文章的结构

确定文章的结构是开展写作的前提，对文章整体表达影响深远。

第一，谋篇布局。谋篇布局是写作的必要前提，作者可以根据写作目的选择适当的扩展模式。不同题材、体裁的文章，有着不同的布局方式。

第二，完整统一。完整统一是指文章当中的细节都必须围绕主题展开，做到内容切题，与主题不相关的句子必须删除，同时要保证文章段落的完整性。

第三，和谐连贯。文章的内容需要一个环节紧扣一个环节，流畅地展开，使段落成为一个和谐连贯的整体。运用正确且连贯的词或词组，可以把句子与句子有机地联系起来，令行文更加流畅，并能引导读者跟着作者的思路去思考问题。过渡语不可滥用，需要确保结构流畅、简洁，避免冗长、累赘的描述。

（二）句式与选词

大学英语中较为常见的句式和句型含有省略、强调等，每一种不同的句式都有其独特的变形方式，学生需要进行大量的练习，教师也应该经常示范，开展讨论并协助学生掌握正确的表达方式，加强学生对句式和句型的认知程度。选词通常都与个人的喜好相关，它是个人风格的展现。选词作为作者和读者间的交流方式，它还需要考虑“语域”这个影响因素。

（三）拼写与符号

拼写和符号属于学生必须掌握的基础知识，它包含着单词拼写和标点符号的正确与否的问题。尽管拼写和符号都是细节方面的问题，但仍不可被英语写作教学所忽视。

二、信息化时代下大学英语写作教学原则

（一）以学生为主体原则

以学生为主体原则就是在写作教学开展的过程中，以学生为中心，尊重学生的主体性。但要想使学生真正成为学习的主体，首先要激发学生的兴趣，提高学生的主动性。使学生成为学习主体的方式有很多种，其中小组讨论就是提高学生主动性的一种有效方式。另外，教师是否组织、如何组织学生进行小组讨论以及如何对学生的作文做出反馈是写作教学能否成功的关键。教师在小组讨论时可采用多种方式，可采用提问的方式，也可采用卷入式，如让学生集体回答、让学生读出黑板上的问题等，还可采用学生互助式。总体而言，就是教师在写作教学中要积极调动学生的自主性，引导学生参与其中。

（二）逐层递进原则

逐层递进原则是指英语写作教学要由浅入深、由易到难、循序渐进地开展，因为学生英语写作能力的提高并不是一蹴而就的，而是有一个逐步提高的过程。学生提高写作能力，单词是基础，也是最小的单位，单词排列后组成句子，句子按照逻辑性排列后再传递信息，交流思想就形成了语篇。所以针对训练活动而言，所采用的训练也要遵循由易到难的原则，教师可以根据教学的实施阶段和学生的实际情况灵活安排教学活动。

（三）多样多元原则

遵循多样多元的教学原则需要做到以下两个方面。

第一，表达手段的多样化。英语的表达手段十分丰富，同一意义可以使用不同的句型来表达。在写作教学过程中，教师指导学生写作的重要途径，是引导学生学习使用不同的句型结构来表达同一意思，这不仅可以弥补学生在语言知识上的不足，而且能启迪学生的思维，从而把知识变成技能，灵活运用语言。

第二，写作文体与训练形式的多样化。从文体上看，可以写议论文、记叙文、说明文，也可以写便条、书信、通知等实用文体。从形式上看，可以用口头作文，也可以续写故事；可以写提纲训练谋篇布局，也可以写扩展段训练发散思维。此外，还可以让学生进行扩写、改写、缩写、仿写、情景作文等练习，让学生逐步掌握写作的技巧。具体而言，扩写有助于培养学生的想象力，但要求学生想象合理，做到符合原意，符合实际的要求。对于改写，可以指导学生将教材中的对话进行改写，这不仅有助于学生研读原文，更有助

于学生把握文章的中心思想。当进行缩写练习时，可按照“关键词—思考—讨论—复述—动笔”这样的思路将课文中的关键词串联起来，然后写出本课的主题或中心思想。而在仿写练习时，可以让学生先仔细观察再临摹，然后自主写作，进而到熟练。情境作文有助于培养学生的综合能力，它要求学生把平时所学的知识点滴积累，提炼并转化为带有感情色彩的优美的文字语言。可见，每种练习形式都各有其优点，只有多做这方面的练习，才能真正提高学生的写作水平。

（四）综合结合原则

综合结合原则也就是与听、说、读相结合的原则，因为写作并不是孤立存在的。英语学习是一个系统的过程，写作只是英语教学的一部分。虽然听、说、读、写各有自己的特点，但在本质上它们之间是相互依赖、相互促进的关系。具体而言，说可以为写奠定基础，而写则是说的发展；把听作为输入的方式来获取写的内容，以写来反映听的结果；通过阅读范文，学生可以获取一系列的写作资源，如语言、观点、篇章结构等资源，这些通过阅读获得的写作资源在一定程度上可减轻学生的写作负担。

三、信息化时代下大学英语写作教学方法

（一）合作教学方法

小组合作教学法是源于 20 世纪 70 年代的一种新的教学方法，它通过异质小组的形式。小组成员间的合作来激发学生学习的积极性和自主性，从而实现小组目标。这种教学方法极大地体现了学生在英语教学中的主体地位，使学生变被动为主动，无形中也加强了积极的情感因素对学习的促进作用，以提高教学效果。因此，具体到大学英语写作教学中来，小组合作教学就是通过小组合作的形式进行写作教学。这种教学方法不仅可以锻炼学生的独立写作能力，还能培养学生的合作精神，以及发现、分析、解决问题的能力。小组合作教学的具体实施情况如下。

第一，小组讨论构思。小组讨论构思的主要任务是安排学生分组讨论并要求学生对文章进行构思。在讨论之前，教师要仔细分析学生的个性差异、成绩水平、写作能力等，并据此将性别、性格和能力不同的学生组合在一起，使小组内的成员相互补充。分组后选出各组的组长，由组长组织成员对文章结构、中心思想等进行讨论，在讨论的基础上列出写作提纲。教师在这一阶段的主要任务是设置一些问题，引导学生持续讨论。

第二，学生独立写作。学生独立写作的重点是学生独立完成写作任务，所以独立性是

这一阶段的突出特点。学生在写作中遇到问题时可以借助字典等工具自己解决，当遇到一些自己不能解决的问题时可向小组成员或教师请求帮助。学生独立写作的过程仍然是建立在小组讨论基础之上的。

第三，同伴互阅。在完成初稿后，小组内部成员之间可以交换作业，相互批改。教师在这一个环节中主要是对学生的批改进行指导，教学生如何改文章的主题、结构，互改的策略与技巧，以及文章的连贯性和语法结构。同伴互阅不仅可以使学生明白写作的重点，还能培养学生发现、分析问题的能力。

第四，独立修改。在小组成员互评后，学生要对评阅的结果进行思考，然后结合互评结果，对自己的文章进行全面修改。在进行修改时，对于同学提出的建议，学生可以自主决定是否采纳。

第五，教师评阅。在上述任务完成后，教师要对所有的文章进行评阅，并从中挑选出一两篇有代表性的文章向大家展示，让学生讨论文章的优点、文章对大家的启发，以及文章应改进的地方。

（二）技巧教学方法

学生写作与其他技能的学习一样并不是盲目进行的，掌握一些实用技巧有助于帮助学生更快更好地完成写作任务。学生在写作中常用的技巧具体如下。

第一，构思技巧。①思绪成串式选题构思的技巧是指将主题写在纸中间的一个圆圈里，想到与主题相关的关键词就写下来，画个圈。然后对所有的相关观点进行归纳总结，最后确定写作思路。思绪成串式也是拓展写作思路的一种有效的方法。②自由写作式构思技巧是指在看到文章题目之后，开始对题目进行思考，并将脑海中出现的所有观点都记录下来，记录完之后再返回来阅读所记录的内容，从中选取对写作有用的信息，其余的信息则可删除。这种构思方式不受限制，思路可以完全打开，而且写作的框架也会随思路的扩展而形成。③五官启发式构思技巧是指从看到、听到、闻到、尝到、触摸到的几方面去思考和搜寻与主题相关的信息。但在写作中，这些方面没有必要都涉及，可根据具体情况进行选择。

第二，开篇技巧。①提问式，就是通过提问的方式开篇，以激发读者的好奇心，吸引读者的注意力。②描写导入式，就是通过描写背景，然后导入正题。③故事引入式，就是在文章的开头描写故事，并以此引出下文。

第三，展开技巧。①按定义展开，就是对某一个含义复杂、意义抽象的词语或概念进行阐述。通常为了使读者对定义有一个清楚的了解，在下定义时还可能运用举例子、打比方等方法。这种展示方式多用于说明文中。②按过程展开，就是按照事情发展的顺序和经过展开说明。③按时间展开，就是按照事件发生的先后顺序来记叙一件事，即先发生的事情先写，后发生的事情后写。④按空间展开，就是文章依照一定的空间方位展开说明，如从上到下、从左到右等。这种展开方式常用于描述一个地方或景物。⑤按因果关系展开，主要有三种形式：一是按原因展开，即文章开头先描写结果，然后分述其原因；二是按结果展开，即文章先给出结果，然后再叙述其原因；三是文章既分析原因又分析结果，这种段落展开方式常用于说明文中。

第四，结尾技巧。①展望式，就是在文章的结尾处表达对将来的期望，以增强文章的感染力。②总结式，是在文章的结尾处对全文进行总结概括以揭示主题，加深读者印象。③警示式，是指根据文中的论点，在文章结尾处解释问题的严重性，以引起读者的重视和思考。④引语式，是以格言、谚语总结全文。这种结尾方式不但可以增加文章的色彩，还可以引起读者的共鸣，发人深思。但需要注意的是，所引用的名言一定要与前面的观点相符合。⑤反问式，是以反问的形式结尾。不同于提出问题式，这种形式虽然是问句，但意义却是肯定的，目的是起强调作用。

（三）体裁教学方法

所谓“体裁教学法”就是在写作教学过程中对体裁分析理论进行充分运用，围绕语篇结构开展教学活动。教师运用体裁教学法，可引导学生对不同体裁文章的语言特点、篇章结构、交际目的等形成更加深刻的理解，从而在脑海中形成图式。在此基础上，当学生以后需要完成这类体裁的写作时，就能根据对应的图式结构，写出一篇符合该体裁结构、语言特点的文章。也正因为如此，在议论文、记叙文、说明文等不同类型文章的写作教学中常常采取体裁教学法。

根据体裁教学法，可对学生在考试中经常遇到的三类作文进行如下分析。

第一，图表作文实际属于说明文，一般要求学生以图表信息为依据，对图表进行说明和归纳，最后得出结论。

第二，情景作文实际属于记叙文，一般包括告知信、建议信、抱怨信等。

第三，提纲作文实际属于议论文，具有四种类型。

在写作教学的初期，使用体裁教学法可以极大地减轻学生的畏难情绪，从而提高写作的自信心。但是，对文章体裁的过分分析不利于培养学生的创造性思维，很容易让学生的写作“千篇一律”，也容易让学生产生枯燥之感，这也是体裁教学法的缺点所在。

（四）任务教学方法

任务教学法的产生为学生在现有的母语与目标语之间构建了一座桥梁，为学生提供了共同学习的机会，充分调动了学生使用语言、创造语言的能力。写作教学中，任务教学法的实施可以分为以下三个阶段。

第一，写前任务阶段。本阶段，教师应根据教学的任务、学生的学习需求设定具有实际意义和目标的写作主题和任务，并要突出强调它的重要作用。

第二，合作写作阶段。合作写作是指师生之间、学生之间的合作创作。首先，教师要对学生进行分组，引导学生收集有关某一主题的素材，检索特定体裁的写作信息与观点；其次，学生根据所得信息规划写作结构，拟定提纲后开始初步写作。在此过程中，学生可采用多种方式开展合作写作，如先分工、再结合的方式，共同探讨题目共同写作的方式等。在整个过程当中，教师主要对学生的合作写作进行观察、监督，引导学生正确地合作与写作。

第三，修改编辑阶段。在完成初稿之后，教师可从每组中选出一位代表汇报写作成果。教师要主要承担听众角色，听取学生的成果汇报，并及时对学生的成果做出评价。最后，还可以让学生之间进行互评，然后让学生修改初稿，完成二稿的写作。如此一来，不仅可以提高学生的评估能力，还能够增强学生的读者意识，以一个旁观者的身份来审视同伴的写作，从中吸取经验、观照自己，在自己的写作中避免类似的错误发生。

（五）多媒体教学方法

在信息化背景下改革大学英语课堂教学的教学模式、教学方式和教学内容，通过学习方式的变化、教学媒介的更新和教学资源的延伸，① 把信息化技术应用于大学英语听力、口语和写作等课堂教学之中，可以有效提升教学效果和教学质量。

在英语写作教学中，多媒体的优势十分明显，教师可充分利用多媒体和网络展开教学。例如，在授课之前，教师可以在网络上搜集一些与本科有关的文化背景知识，在课上通过多媒体向学生展示，这样不仅能调动学生学习的积极性，使学生积极地学习课文知识，还能使学生了解更多与课文相关的其他文化背景知识。

---

① 朱锦霞，朱长贵. 信息化背景下大学英语课堂教学改革探究——评《信息化背景下大学英语教学改革研究》[J]. 人民长江，2021，52（10）：251.

第五章 信息化背景下大学英语教学模式的改革

第一节　信息化背景下大学英语的网络教学模式

信息技术正在给大学英语的教学模式带来巨大的影响，有了互联网，学生获取知识的便利性、灵活性有了非常大的提高，这就使得教学模式的多样化、开放化和专业化有了客观的必要性。大学英语教师要探索多样化的网络教学模式。

一、大学英语网络教学模式的内涵

大学英语网络教学模式，其内涵主要涉及教学思想和教学理论、计算机网络技术、外语教学目标、外语教学资源、教学活动结构框架和教学方式等层面。

（一）教学思想与教学理论

任何教学模式都是建立在一定教学思想和教学理论基础上的，同样，教学思想和教学理论也是网络多媒体教学模式的基石。换而言之，大学英语网络教学模式需要依据一些教学思想和教学理论，这些思想和理论可以从两个层次来分析：一是宏观层次；二是中观层次。宏观层次主要是建立在哲学思想的教育学理论上，其主要内容涵覆盖了教育心理学、教育学、教育技术学、学科教学论等；中观层次是基于外语教学的各种教学法，如语法翻译法、听说法、任务法、交际法等，而各种教学法的背后也离不开理论的指导。

（二）计算机网络技术

大学英语网络教学模式与传统教学模式相比，其最大的优点在于计算机网络技术的参与。由于信息技术的发展，外语教学中的师生交流方式、信息呈现方式等都发生了重大改变，且人们已经形成了一个共识：网络多媒体技术并不是万能的，再先进的技术也需要教师的辅助，即教师需要对学生进行督导、监控及情感层面的支持。就外语教学层面而言，最为合理的方向是充分发挥计算机网络技术在多媒体信息呈现、信息查询、网络交流等方面的优势，辅助教师完成教学，减轻教学压力，也让教师有更多的精力和时间对存在差异的学习者进行情感交流和个别监督，以解决他们的问题。换而言之，网络多媒体与教师都有其自身的优势，因此在外语教学中应该将二者的优势充分发挥出来，使学习者能够从低阶语言能力转向高阶语言能力。计算机网络技术在外语教学中的工具作用如下。

第一，知识演示与传输工具。计算机具有明显的多媒体特征，其在外语教学信息的呈现中也具有明显的优势，可以通过文字、图像、图片、声音、视频、动画等多种传递方式。目前，外语教学也多提倡使用网络多媒体教学，目的是能够为学习者提供更多刺激感官的信息接收形式，从而促进学习者的记忆和理解，同时还能够增强教与学的趣味性。

第二，交流工具。当前，网络已经成了一种普遍的交流工具，在外语教学中也普遍运用。基于网络的外语教学交流工具有很多，如电子邮件等，这些都为教师、学习者提供了便利。

第三，个别辅导工具。人—机交互式网络多媒体作为个别辅导工具所具有的一大特色，主要体现在各种交互类的外语学习课件中。目前，计算机网络技术作为个别辅导工具主要具有个别指导、操练和练习、学习监测和反馈等。

第四，教学信息记录工具。计算机网络可以将教师和学习者的各种与教、学相关的信息记录下来，这些信息可以为评价教师的教学行为、分析学习者的学习情况和进度、帮助教师和学习者进行反思等提供数据。

第五，学习情境创设工具。计算机网络技术可以为学习者创造真实的学习情境，通过逼真的语言环境，可以促使学习者进行探究和思考。

第六，教学管理工具。随着计算机网络技术在教学领域的应用更加广泛，计算机管理教学也应运而生。简单而言，计算机管理教学就是运用计算机网络技术来帮助学校和教师进行教学管理。

第七，教学资源储存工具。计算机具有强大而便利的储存工具，这也逐渐成了外语教学资源的储存仓库，储存的内容包含课程教学课件、师生电子档案、电子教案、文献资料、多媒体语料库等。

第八，学习认知辅助工具。为了提高学习者网上学习的效率，网络查询引擎、在线电子词典、电子笔记本等被开发出来，这些都是计算机网络技术的学习认知辅助工具，以此不断提升学习者的学习效率和效果。

（三）英语教学目标与资源

任何学科教学都离不开教学目标，大学英语网络教学模式也不例外，教学对象不同，确定的教学任务、教学目标也不同，其选用的教学模式也必然会不同。例如，对于听力教学而言，以提高学习者理解和记忆能力的教学目标适用于采用人—机交互型教学模式。如果教学目标是让学习者掌握知识，那么教师可以采用以传递为主的教学模式；如果教学目标是培养学习者的思维和运用能力，那么网络写作项目、网络英语角等人—机互动教学模式更为符合。当然，采取怎样的教学模式并不仅依靠教学目标，还涉及教学任务、教学内容、教学环境、教学对象等因素。

基于网络多媒体英语教学的教学资源主要是以文本、音频、图片、视频、动画等形式呈现的数字化教与学为支持的内容，是辅助教师展开教学的直接工具，也是学习者获取知识的直接途径，这些也构成了基于网络多媒体英语教学模式的核心要素。无论怎样的形式，教学资源本身的难度、选材等都应该从学习者的实际情况出发。与传统的纸质教学资源相比，基于网络多媒体的英语教学资源更易于共享、易于更新，且能够海量存储。

（四）教学活动结构框架与教学方式

大学英语网络教学，在宏观与中观教学思想、理论的指导下，需要将教师、学生、网络多媒体技术、教学资源等融合起来，形成具体的教与学的干预措施，包含教学内容的顺序、学习内容的组织、媒体呈现的设计、教与学的安排与设计等，这些都属于教学活动结构框架和教学方式的内容。

二、大学英语网络教学模式的类型

（一）大学英语网络自主接受模式

大学英语网络自主接受模式一般由三种要素构成：①学习者个体；②学习内容是指网络课件，通过网络传输的、由计算机作为媒介呈现的图文声像等语言材料内容；③学习指导者是指计算机和教师。网络自主接受模式所传递的主要是客观类的知识和技能，训练主要以选择、填空、拖动配对等具有明确答案的形式为主。通过设定计算机的识别和反馈程序，可以自动批改和矫正学习者的错误并提供解答。另外，还可以设定计算机程序使之自动探测学习者的学习背景和学习风格等，然后提供适合的学习材料和学习路径，计算机相当于智能导师。而对于学习者在学习过程中遇到的各种问题，尤其是一些个性化的难题，以及人际情感沟通方面的需要，则需要教师通过网络交流工具（如学习论坛）来帮助学习者解决问题。

（二）大学英语网络自主探索模式

大学英语网络自主探索模式的一般构成要素主要有四个：①学习者个人；②任务/问题；③参考资源；④教学指导者。在网络自主探索模式中，学习的主要目标是提升学生的语言应用能力，而不是学习语法、词汇等语言知识，因此一般以完成某一具体完整的语言任务或针对某些问题阐明自己的观点作为学习的主要内容，如翻译某段文学作品或独立观看某段原版影片后写出影评等。在整个学习过程中学生会得到必要的提示和指引，一方面学生自己可以参阅网络资源或图书列表，另一方面教师会通过电子邮件、论坛等交流工具检查并督促学习者的进度，指导学生解决遇到的问题，并给予必要的评价和总结。

（三）大学英语网络集体传递模式

大学英语网络集体传递模式的一般构成要素分别是学习者群体、学习资源、教学指导者，这一模式一般有两种教学过程。①完全虚拟的网络课堂。教师和学生群体在统一的时间登录特定的网络“班级”，教师讲解新课学习内容，组织练习、讨论等学习活动，解答学生的提问，给予必要的反馈指导。②自学加集体指导型。学生选择自己方便的时间自主观看教师布置的学习资源，如以图文声像等呈现的多媒体课件，然后在统一时间，教师通过网络实时教学系统地为学生提供集体指导、讲解和答疑。

（四）大学英语网络综合教学模式

在实际的网络英语教学中，根据师资、教学目标以及技术开发水平等条件往往综合应用不同模式的各种教学手段。例如，大学英语综合教程某一单元的网上教学过程是：学生自主观看该单元的网络课件，完成网上的填空、选择、拖动配对等练习并得到计算机的自动批改反馈，如果该学生已经达到本单元客观知识技能的基本要求，则会进入本单元的自主探索部分，会要求他/她研读一份额外的主题材料并完成一份评述报告，在研读和写作的过程中教师会通过电子邮件、学习论坛等方式给学生必要的引导和提示。这一网络教学过程就融合了网络自主接受模式和网络自主探索模式的部分教学手段，可以将这种混合的应用称为“网络综合教学模式”。在设计和确定教学模式时，应该综合考虑教学目标、师资力量、学习者的学习风格等各种因素，选择应用合理的教学活动，只要有利于实现教学目标，可以采用综合的网络教学模式。需要说明的是，这一模式的划分方法与其他分类方式并不矛盾，只是参考的角度不同而已。

（五）大学英语网络协作探究模式

大学英语网络协作探究模式的一般构成要素为。①学习者小组。学习者扮演的角色是进行小组自主分工、制定协作计划、定期自查、完成计划、总结发言并提交作品。②任务/项目。这是网络协作探究模式的核心要素，主要教学理念是让学习者通过使用目标语言合作完成较为复杂的项目或任务，提高自身的语言综合应用能力和团队协作能力，其中项目或任务往往是与社会生活或工作紧密相关的，如策划一个产品的销售方案。③参考资源。④教学指导者。这里的教学指导者即教师，在项目或任务的完成过程中教师给予必要的指导，如协助小组进行分工、提供可能的资源索引、对语言应用的错误给予必要的矫正、协调可能出现的矛盾、督促进度、组织评价等。

大学英语网络协作探究模式的宗旨就是构建一个虚拟的真实任务情境，帮助学习者在这个情境中通过使用目标语言来提高外语水平。任务、项目的选择视学习者的兴趣和语言程度而定，如果学习者小组的语言应用水平比较低，那么在设计任务、项目时也要与学习者的语言能力水平相适应，不能差得太远。

第二节　信息化背景下大学英语的情感教学模式

一、大学英语情感教学模式的源点因素

“英语情感教学，是指充分发挥情感在英语教学中的功能，优化学生的态度、体验、情感等，合理对待教学过程中认知与情感的关系，从而提高英语学习效果，实现教学目标。”① 简言之，英语情感教学既是通过情感进行英语教学，也是为了发展情感而进行的英语教学。大学英语情感教学是一种教学模式，也是一种教学手段，还是一种教学目标。

① 吕文丽，庞志芬，赵欣敏. 信息化时代下的大学英语教学改革探索［M］. 长春：吉林大学出版社，2019：63.

英语教学中存在的情感源点有教师、学生和教材，并使情感教学成为可能。

第一，教师的情感因素。教师是教学的组织者，其具有稳定的高级情感，是大学英语教学中最重要的情感源点。教师的情感因素有三个来源。首先，主导的情绪状态。它是教师在教学活动中的情绪基调，受人格特质和自我修养的影响。其次，对教育和教学工作的情感。教书育人的事业，关系到社会的进步，需要教师投入足够的情感。最后，对学生的情感。教学是师生之间的交往，这就要求教师对自己的教学对象满怀爱心和情感。

第二，教材的情感因素。教材是呈现人类认识世界和改造世界的成果文本，满足社会的需求，是教育者的意志体现。英语教材中的情感因素有显性和隐性两个方面。显性情感因素是指教材中通过语言、图片等直接表现的情感，如艺术类教材中的歌曲、舞蹈、绘画、雕塑、摄影等作品。隐性情感因素是指在反映客观事实的过程中附带的情感，如作者在记叙历史时，难免带有个人的主观情感。

第三，学生的情感因素。学生作为一个情感源点，在英语教学活动中更多的是接受外界的情感刺激，并形成内部情感。学生的情感包括三个方面：首先，主导的情绪状态，它是学生在教学中的情绪基调；其次，对学习活动的情感，它是学生对学习表现出的态度；最后，对教师的情感，其主要包括尊重、敬爱等。

二、大学英语情感教学模式的理论支撑

大学英语情感教学的理论基础，包括情知矛盾观、情感系统观、情感功能观和导乐观。

第一，情知矛盾观。情知矛盾观认为，教学中的认知因素和情感因素是一对矛盾。认知上的矛盾是教学的要求与学生的实际认知水平之间的差距，情感上的矛盾是教学的要求与学生当时的态度体验之间的差距。前者涉及的是学生能不能学、会不会学的问题，即可接受性问题；后者涉及的是学生要不要学、愿不愿学的问题，即乐接受性问题。教师要努力使两方面达到和谐统一。

第二，情感系统观。情感教学包括三大情感源点，即教师、学生和教材，这些情感因素在教学活动过程中被激发，并产生动态的三大回路，即师生间伴随认知信息传递而形成的情感交流回路、师生间人际关系中的情感交流回路和师生情感的自控回路。这些回路形成了教学中情感交流的动态网络。教师在英语教学中应充分发挥情感功能，使情感回路变成一个有目标、有序的情感交流系统。

第三，情感功能观。在情感教学领域，情感具有三种功能。第一种是动力功能。它是

指情感对个体的行为具有增力或减力的效果。积极的情感有利于学生主动性的激发；消极的情感则产生相反的效果。动力功能和学习效果呈正相关关系，情感还能通过调节情绪来提高学习效率。第二种是感染功能。它是指一个人的情感对其他人的情感产生影响。这就要求教师在教学中保持愉悦积极的情感，以此去感染学生。第三种是迁移功能。它是指一个人对某个对象的情感会影响他/她对与之有关的其他对象的情感。例如，学生会因为喜欢教师而喜欢该教师所教的学科，所以教师应该充分发挥人格魅力来赢得学生的好感。

第四，导乐观。教学的苦学观和乐学观之间的争论由来已久。情感教学心理学认为，学生的学习没有所谓的苦乐属性，苦可以发展成乐，而乐也可以发展成苦，苦乐是动态发展的。当学习满足学生的需要时，学生就获得乐的体验；而当学习不满足学生的需要时，学生则有苦的体验。学生乐学有利于学习效果的提高、教学目标的实现，因此是应该得到提倡的。然而学生的乐学是由教师的引导形成的，情感教学就是导乐的有效手段。

三、大学英语情感教学模式的构成要素

英语情感教学模式是揭示英语教学过程中与情感因素有关的结构和程序，它只是单独从情感维度来理解英语教学过程，具体包含以下四个基本要素。

（一）诱发要素

诱发是指激发学生对学习内容产生兴趣，以此来使学生积极地参与当前的认知活动。大学英语教师是在规定的时间、地点，依照规定的教学程序、进度去传递规定的英语知识。这一系列的“规定”让英语教学活动变成一种固定的操作程序，无法迎合学生当时的实际需要。而且，求知需要往往不是学生最为迫切的需要，这一现象背离了英语教学目标。况且，即使学生当时拥有求知需要，其求知需要的具体内容也会与特定的教学内容有分歧。英语教学中普遍存在英语教学活动与学生当时的具体需要不相符的现象。因此，大学英语教师应懂得如何使自己的教学成为学生学习的诱因，激发其学习动机，使学生走在主动学习的路上。

（二）陶冶要素

陶冶是指培养学生高尚的情感以及良好的人格，大学英语教材蕴含丰富的情感现象，具体可分为四种类型：①显性情感因素，即通过语言文字等直观形象材料等使人能直接感受到的情感因素，艺术、语文、英语等教材中较为多见；②隐性情感因素是指在反映客观

事实的过程中使人感受到的情感因素，史地类教材中较为多见；③悟性情感因素是本身不含显性或隐性情感因素，但具有引起情感的某种因素，主要存在于理科类教材中；④中性情感因素是目前的认识水平无法体会到的情感因素，仅限于理科教材中，但教师可以通过情感教学策略使学生感受到情感。

（三）激励要素

激励是指在学习过程中，不断增强学生的自信心，激发学生的动力，随着英语学习任务的加重、学习难度的加大、学习挫折的积累，学生需要补充学习动力。教学评价就是一种情感激励手段，并且它还是学生获得学习反馈的主要形式。大学英语教师对学生多进行肯定、鼓励，同伴多给予彼此支持、赞赏，会使学生产生良好的激励效果。情绪对人的学习行为具有强化作用，积极愉悦的情绪有助于学生调动积极性，提高创造力，养成良好的情感品质和能力。教师要创设条件让学生体验成功，并利用好“强化”这一手段。

（四）调控要素

调控是使学生的情绪始终处于有利于英语学习活动的状态，情绪在很大程度上决定着身体的成长、智力的发展和情感的培养。但是，持续的、愉快轻松的情绪状态不一定最有利于英语学习。例如，焦虑对学习成绩中等以上的学生而言，能提高认知活动的效率，强度过大的焦虑会使中等以下成绩的学生削弱创造力。一般来说，强度适中的情绪状态总能为认知活动提供最好的动力。

第三节　信息化背景下大学英语的分级教学模式

一、大学英语分级教学模式的理论

（一）迁移理论

迁移在心理学上是指旧知识、技能影响新知识学习的一种过程。按照产生的结果可分为积极和消极，迁移可区分为正迁移和负迁移。正迁移是积极的，负迁移是消极的。语言迁移是指一种语言对另一种语言的学习所产生的影响。语言迁移是一个认知心理过程，受诸多因素影响。语言迁移包括母语对第二语言习得的影响和母语向第二语言的借用。长时间接触母语必定会影响第二语言的学习。语言迁移在多数时候研究的都是母语对外语学习或第二语言习得的影响，这时候的语言迁移一般指的是母语迁移。

第二语言学习中遇到的障碍源于第一语言的定式，在第二语言习得过程中，与母语接近的地方较容易学习，与母语有区别的地方较难学习。当外语和母语的相似度比较大时，就容易引起正迁移。通过对比分析跨语言的差异，人们就可以确定第二语言习得的困难。第二语言习得的困难不总是源于跨语言差异，而且母语在第二语言习得中的作用重新受到重视。

中国学生是先学习母语的，所以中国学生的英语学习会受到母语学习经验的影响，只有通过“语言迁移”这个关键问题，才能科学地解释中国学生英语学习的认知心理过程。研究语言迁移，有助于解释母语在英语学习过程中的作用和英语教学中应如何科学地运用母语等一系列外语教学的根本问题。有人错误地认为，汉语与英语在语言、文化方面的不同，导致汉语母语的负迁移作用大于正迁移作用，所以在课堂上尽量不用母语，从而避免母语的干扰。

（二）监察理论

监察理论被认为是二语习得研究中最全面的理论，该理论强调人的大脑有两个独立的语言系统，分别是有意识的监察系统和潜意识的系统。监察理论具有五个假说：习得—学习假说、监控假说、自然顺序假说、输入假说和情感过滤假说。

1. 习得—学习假说

习得—学习假说是最基本的一种假说，该假说的核心在于对“习得”和“学得”的区分，以及对它们在第二语言能力形成过程中所起的作用的认识。根据“习得—学得”假说，成人习得第二语言能力主要是通过两条不同的途径实现的。第一条途径是“语言习得”，也就是通过无意识地构建语言体系来获得语言能力。习得者主要关注语言所传递的信息，而不是将注意力放在语言形式上，进而通过目的语交流自然、无意识地提高语言能力。学生学习母语的过程和这一过程非常相像。第二条途径是“语言学得”，也就是在理解教师所讲解的语言现象和语法规则基础上，进行有意识的练习、记忆等活动，进而掌握其语法概念、了解所学语言。

习得是潜意识地形成语言能力，而学得是有意识地掌握语言结构。第二语言能力的发展只能是通过语言习得，而“学得”只能在语言运用中起监督检查作用，不能视为语言能力本身的一部分。“习得”是第一位的，“学得”是第二位的，但也并不排斥“可得”的作用。但是就大学英语教学而言，学生的语言综合能力既有“习得”的结果，也有“学得”的结果。在第二语言学习的过程中，二者是相互伴随的。

2. 监控假说

监控假说认为，人的大脑中有两个独立的语言系统：有意识的监控系统和潜意识的监控系统。监控系统是一种“意识到的语法”。在语言学习过程中，监控系统一旦发生作用，就会具有编辑控制的功能，它使语言使用者更加关注语言形式的运用而不是语言内容的表达。这一理论体现在语言习得与语言学得的内在关系上。根据此假说，正在学得或已经学得的规则在于对那些按习得的规则说出的话语进行监控和修正，学得的知识通过言语的监控起作用。监控作用的实现需要具备三个条件：第一，要想有效地选择和运用语法规则，语言使用者必须有足够的时间；第二，语言使用者的注意力必须集中在所用语言的形式上，换而言之，语言使用者必须考虑语言的正确性；第三，语言使用者必须已经具有所学语言的语法概念及语言规则的知识。

在日常生活交际中，如果语法规则不是通过习得获得的，人们往往倾向于关注交际的内容而不是形式，换言之他们很有可能没有时间去细细推敲语法，因此，这些语法规则可能在短时间内无法付诸实践。所以在口语交际中，如果一方过多地使用语法监控，时刻注意自己口语中语法的准确性并对其中的错误加以纠正，就会使得自己的语言不流畅，进而使对方有结束这次交际的想法，因而达不到交流思想的目的。但在需要事先做好准备的正式发言和写作中，语法的使用能提高语言的准确性，进而为演讲或文章增添色彩。有三种不同的监控使用类型。第一种是使用得比较成功的人。这类人在口语交流中常常发生错误，但经人指出后能够自己改正；然而在书面交际时，他们由于比较关注语言形式，很少会出现错误。第二种是使用过度的人。这类人掌握了较为全面和完善的语言规则体系，书面语一般都较准确，但是缺乏口语交际的信心。第三种是使用不足的人。这类人在口语交际中常常出现错误，并且不能自己改正。

3. 自然顺序假说

根据自然顺序假说的基本观点，学习者遵循一定的顺序去习得语言结构知识，并且该顺序可以被预测。有些学习者总是对于某些语法结构掌握得较早，而对其他的语法结构则会掌握得较晚。不是每一个学习者都有完全相同的习得顺序，然而这种顺序可能具有某些类似的地方。当学习第二语言时，一般都是先了解现在时然后再学习过去时，先掌握名词复数然后再掌握名词所有格。如果将习得某种语言能力作为学习目标，教学大纲不一定要受这种顺序的制约。“自然顺序假说”重新明确了第一语言和第二语言学习的关系。有时候，第一语言通常被认为是学习第二语言的一大障碍，事实上并非如此。第二语言和第一语言可能有许多相同的规律，其语法顺序并不总是受第一语言干扰。中文和英文在语言功能上是相同的，在某些语言表达方式上也有共同之处。在课堂上教师有时需要借助母语以便使学生更快且准确地理解英语，但不是把语法结构进行简单排序。

4. 输入假说

输入假说是第二语言习得理论的核心内容，强调可理解的语言输入是语言习得的必要条件，输入材料本身和输入的方式会影响情感过滤的结果和输出的质量。在第二语言学习的过程中，需要让学习者理解地输入语言超过其现有的语言水平，语言习得才可能发生。学习者通过情境提示的帮助而去理解这些语言，产生语言的能力最终就自然而然地形成了，并不需要教师的传授。理想的输入应该有四个特征：可理解性、既有趣又关联、非语法程序安排和足够的输入量。其中，需要特别加以说明的是，“既有趣又关联”是指输入的语言应当与学习者相关并且能让学习者感兴趣。这样，学习者就可以在不知不觉中很轻松地习得语言。“非语法程序安排”是说按语法程序安排的教学行为并不可取也没效果，足够的可理解的输入对于语言习得才是重要的。“足够的输入量”即给学习者提供足够多的语言材料。学习者自身创造性构建程序的操作也可能提供新的语言形式。创造性构建程序是学习者依据已习得的规则构建新的语言形式的程序。

5. 情感过滤假说

情感过滤假说认为大量适合输入的环境并不能保证学习者可以学好目的语，情感因素也会对第二语言习得的进程产生诸多影响。通过情感过滤，语言输入才有可能变成语言“吸入”。在语言进入大脑的语言习得器官的过程中，输入的语言信息必须经过“过滤”这一道关卡。那也就意味着，情感因素在第二语言习得的过程中可以有积极或消极的影响，也可以是促进或阻碍影响。其中，有三个心理上的因素制约着习得者的语言学习速度和质量，习得者不是将他们所听到的一切全部吸收，具体如下。

（1）动力。学习者是否拥有明确的学习目的，这关系着他们的学习效果。学习者只有具备了明确的目的，他们才会获得较大的动力，进步也会比较快。

（2）性格。通常情况下，如果学习者拥有自信、外向的性格特征，并且愿意接受陌生的学习环境，他们就会较快地取得学习上的进步。

（3）情感状态。学习者是处于焦虑还是放松的精神状态，这会直接影响外界的语言输入。拥有放松的心情和舒适的感觉显然能使学习者在较短的时间内学得更好。由此可见，学习者的情感因素很大程度上决定了第二语言习得的成功与否。

二、大学英语分级教学模式的流程

（一）进行科学性的分级

级别设置的科学性是大学英语分级教学能否实现教学效果的前提和关键，在实施分级时要遵循个人意愿与统一考核分级相结合、实际水平与考试结果相结合的原则。此外，需要有科学的分级试题和分级标准。就学生的基础能力和发展潜力来看，可以将学生分为三个级别，即初级、中级、高级。其具体要求包括：第一，初级班学生的语音和语法等基础知识都不太扎实，教学时应放慢进度，强化学生对基础知识的掌握；第二，中级班学生的英语水平一般，但往往对英语听说感到畏惧，处于这个级别的学生数量最多，可以按照正常进度教学，并让他们在英语四级考试中取得好的成绩；第三，高级班学生的英语水平普遍较高，具备一定的听说和读写技能，但是听说能力还需要加强，教师应尽量使他们通过英语六级考试，并取得较好的成绩。

（二）保持并提高区分度

在大学英语分级考试中，有些学生可能因为一分之差没有进入高级班，但这一分是不能证明英语能力的高低的。这时候，分级考试的界限就显得不客观、不灵活。为了提高区分度，可以让学生自己参与分级，实行双向选择。学生最清楚自己的英语水平和学习兴趣，他们由被动选班变为自主择级，必然能增强学习英语的积极性和自觉性。具体方法依然是参考高考和摸底测试的成绩，同时公布各个级别的不同起点，听、说、读、写各方面的学习要求和最终目标，学生可以根据自己的学习兴趣申请对应级别，由学校最终审定。

（三）落实灵活升降机制

大学英语分级教学要采用灵活的升降调整机制，它是指通过考核和征求意见的手段在一定范围内定期调整学生的级别，使学生所受的教育和当前的状态相匹配，因为高级班和初级班的教学进度和教学形式有很大差别。对于进步的学生安排升级，这样不仅可以提高学生的积极性，还能为其他学生树立榜样；对于退步的学生要安排降档，这样可以刺激退步的学生重新调整学习策略，以便取得更大的进步。当然，也可以只在初级班和中级班之间实施升降机制，初级班和中级班统一教材，统一进度，定好升降级的比例或者名额，在一定周期后进行一次微调，这样不仅做到了不同级别之间的良好衔接，而且科学合理。

（四）完善分级评价机制

在大学英语分级考试中，各级别的学生一般采用不同难度的试卷，这就可能会出现一个问题：高级班学生的英语成绩低于部分中级班或初级班学生。为了有效解决这一问题，需要完善分级教学的评价机制，可以尝试增加平时表现在总评成绩中的比重，注重过程性评价，利用形成性评价与总结性评价相结合的方式来确定最终的成绩。此外，还可以根据各级别试卷的难度引入加权算法，设定一个科学的系数，整体调整高级班或者初级班学生的分数。

第四节　信息化背景下大学英语混合式教学模式

一、大学英语混合式教学模式的体系实施

在当今教育国际化的大背景下，培养具有国际视野、知晓国际通则、能够参加国际事务和国际竞争的国际化人才就显得尤为重要，英语能力无疑是国际化人才的硬性指标，而在本科阶段国际化人才的英语水平则主要通过大学英语课程来培养和提高。混合式教学将新兴的网络学习与传统的课堂学习相结合，形成线上线下有机融合的网络化学习新模式，增强了师生的互动性，提高了教师的“教”与学生“学”的效率，培养了学生实际运用英语的能力。混合式教学“就是指将传统的线下课堂教学与新兴的线上网络教学合二为一的教学方式”。① 混合式教学方式既保留了传统教学的优势，又结合了新型教学的长处，使学生获得多样性的学习渠道和资源，能够保持学习的新鲜感和驱动力。

（一）大学英语混合式教学的理论支撑

“信息技术与教育教学深度融合的教育背景下，大学英语教学需要提升内涵，实现教与学的范式转型。混合式教学为当前课堂教学改革提供了一种延续性创新思路。”② 混合式教学的理论支撑主要包括以下内容。

---

① 袁园. 信息化背景下大学英语混合式教学模式的研究［J］. 英语广场，2021，(12)：97.

② 李小兰. 信息化背景下大学英语混合式教学改革与实践［J］. 高教学刊，2021，7 (14)：120.

1. 掌握学习理论

掌握学习理论认为在适当的教学条件下，几乎所有的学生都能学好他们所教的东西，换而言之，所有的学生都可以“掌握”这门学科的材料。如果能力可以预测一个学生需要学习的时间，但不一定是他/她可以学习的水平，那么应该可以将每个孩子期望的学校学习程度设置为某种掌握能力的表现水平。如果所有学生都有相同的学习机会和相同的教学质量（大多数基于小组的教学环境中的典型情况，这对于一些学生而言可能是适当和充分的，但对其他学生而言则不是）。在这种情况下，很少有学生能学得很好，并掌握学科材料。然而，如果学习情境能够被构建成为每个学生提供更合适的学习机会和更合适的教学质量，那么大多数学生就可以期望学得非常好并获得掌握。

2. 认知负荷理论

认知负荷理论是一种关于如何呈现优化认知性能的材料并寻求解决人类记忆局限性的理论。当外部刺激的需求超过认知资源时，学生的认知负荷过大，因此信息不能从工作记忆转移到长期记忆，学习也就停止了。认知负荷最常出现在学生有学习焦虑或一次获得大量信息时，或在基于规则的学习中。教学的目标是减少无关的认知负荷，增加将信息从工作记忆转移到长期记忆的相关负荷。为了达到这一目标，教学设计应考虑到人们在有限的认知能力下如何感知信息，并应逐个呈现信息，以避免不必要的认知负荷。为了避免太大的认知负荷，教师在课程开始时制定明确的目标并定期回顾，以增加从工作记忆向长期记忆转移的可能性，还可以利用混合式学习环境，将信息按顺序模块在线呈现，其中信息仅按预定间隔发布。学习者应该设定目标，进行积极、参与性的学习，利用环境和过去的经验减轻认知负荷，并寻找他们正在学习材料的最佳实践范例。课程的“面对面”部分可用于通过与他人互动进行参与式、积极的学习，学生可以使用在线环境中看不到的视觉提示分享问题，以帮助解决任何沟通障碍。

3. 活动理论

活动理论在很大程度上扩展了认知负荷理论的一个相对较小的方面，被发展用来研究行为的社会方面，并且经常被用来理解和概念化教育环境中的角色和关系。遵循活动理论的教育者非常重视学习的社会方面，也强调学生应如何关注个人的长期目标。因此，学习总是由学生的动机发起的，当动机形成目标时，学生通过努力实现这个目标来学习和行动。活动理论中最重要的一点是在学生感知信息和学习的过程中，通过参与周围人的活动创建系统。这意味着活动理论可以成为讨论如何创建有效设计的良好框架，因为它强调人们的特征或行为如何形成活动系统，并揭示这些特征形成此类系统时所产生的紧张关系。

当使用活动理论在混合学习环境中教学时，重点是明确目标，并与教师和其他学生分享关于不同文化和语言能力水平的信息。对于学生而言，为了个人的利益和成长，在群体大环境中分享这些目标是很重要的。要做到这一点，可以先面向他们的目标，并帮助彼此实现各自和集体的目标。活动理论还鼓励解决学生之间的差异，以促进小组学习。

4. 社会文化理论

社会文化理论的是学习者与学习者的合作关系、学习者与他人的关系，以及学习者在语境中对世界的理解，这一理论可以具体应用于英语语言学习者课堂。当学生反思他们的新环境和根据这些反思改变他们的信念时，他们在这些课堂上的学习效果很好。因此，学习不是通过与他人的互动来实现的，而是通过对这些经验的反思来实现的。这种反思性互动的过程反映了学生当前的学习方式，改变了他们的社会和认知发展。

（二）大学英语混合式教学模式的要点

混合式教学模式下的英语课堂教学是围绕教学主题创设丰富的应用情境，学生主要通过团队合作的形式，完成语言游戏、模拟对话、小组讨论、演讲辩论、成果展示等多样化的任务，将理论知识运用于实际，切实提高英语实际应用能力和水平。在完成网络学习和课堂应用这两个步骤后，教师和学生应主动积极地创造条件将所学的语言知识运用到课外的实践场景中，这样才使得前面的学习更加有意义，因此课外实践也是混合式教学不可或缺的一部分。

1. 混合式教学主体

混合式教学并不是线上线下教学模式的简单相加，而是在教学过程中有机整合线上线下教学要素、优化资源配置，使学生获得更加完整丰富的学习体验，充分发挥教师的主导作用和学生的主观能动性，竭力将两种教学方法的优势发挥得淋漓尽致，以期达到良好的效果。混合式教学彻底颠覆了传统教学中以教师为主体的模式，而是将学生作为整个教学的主体，使得学生的学习模式由单一走向多元，由被动变为主动。教师只有确保学生在教学中的主体地位，才能让混合式教学模式发挥出它特有的优势与作用，达到理想的教学目标和效果。

2. 混合式教学内容

首先，学生通过线上学习课程的相关视频，完成新知识的首次接触和输入，实现课程学习的第一步，这是很多学生特别容易忽视但不可或缺的一环。这一环节为接下来的课堂教学做好了充分的前期准备，使得课程进展会顺利很多。其次，在课堂教学中，学生通过教师精心准备的教学活动，将在线上学习的新知识进行应用和强化。最后，教师通过线上测试了解学生的学习情况，并对测试结果进行分析，总结当前阶段的教学情况，更好地为下一阶段的教学服务。

线上学习资源的选择在很大程度上决定着学生学习的成效。它既要能够实现教学目的，又要能够激发学生兴趣；既要生动形象，又要明了实用，只有这样的学习材料才能激发学生的学习热情，让学生更快地学以致用。在大学英语教学中，资源可源于国内及国外，可选择面大，形式丰富多样，教师可采用学生喜闻乐见的图片、音频、视频等各种各样的多媒体资料对传统教材进行补充和扩展，增强师生互动的趣味性。

3. 混合式教学形式

混合式教学主要凭借“互联网”这一途径来实现。教师应充分利用信息化技术进行大学英语教学，为课堂教学互动与交流搭建支持平台，使网络学习特有的极其丰富的多媒体信息库得以充分利用。但网络教学不能完全取代传统的课堂教学，教师需要从纷繁复杂的网络资源中筛选出最适合学生的网络资源，并加以指导和拓展。互联网只是辅助教学的技术手段，学生如果仅仅依赖线上学习，忽视了教师的引导作用，其学习会失去原有的系统性，往往无法获得预期的效果。

混合式教学中的网络学习部分，对学生学习和交流的时间和空间有着极大的包容性和无限制性。在线上的学习讨论区，学生通过交流互动，完成以课程学习目标为导向的合作式学习，这能够激发全体学生参与学习和讨论的热情，创造热烈的讨论氛围，有助于线上学习的效果最优化。线下课堂的一系列教学活动可以看作线上学习讨论的延续。学生在教师精心创设的情境中进行语言的实际操练，面对面的即时交流更完善了学生对语言的熟悉程度，有助于其完成既定的课堂目标，实现大量的语言习得。

（三）大学英语混合式教学模式的特点

1. 以学生为主体是混合式教学的原则

基于混合式教学的基本原则，即学生应占据教学的主体地位，教师应鼓励学生参与到教学的设计过程当中来，使教学能满足学生的实际需求，做到教学相长，真正实现培养应用型人才的目标。在实际的操作过程中，教师可通过向学生发放调查问卷的形式了解学生的学习需求，听取学生的建议，使教学更好地满足学生的实际需要，提高他们的学习兴趣和效率。

此外，发挥学生的主体作用则意味着学生的自驱力亟待进一步提高，学生须在线上线下的学习交流进程中主动积极地寻求接触和运用新知识的机会，根据自身情况不断地对学习方案进行调整，并且大胆地和教师进行沟通，在课堂教学中把新知识内化为旧知识。

传统的课堂教学以教为主，以学为辅，注重的是学生对于教师所教知识的吸收；而新兴的网络教学则以学为主，以教为辅，注重的是学生对于所学知识的认知。混合式模式将这两者有机融合在一起，使学生成为真正意义上的主角。

2. 根据学生因材施教是混合式教学的精髓

大学英语课程的核心是“听、说、读、写、译”五大语言基本功的训练，同时涉及跨文化交际。作为一名长期奋战在一线的大学英语教师，笔者深切地感受到不同专业、不同学科学生的英语基础和水平参差不齐，这同时也是大学英语教学的难点之一。

因此，在线上线下教学的实际过程中，教师应针对学生的具体情况安排不同层次的学习内容，要注意自身的参与程度和引导力度，在教授和指导英语水平相对较高的学生时，更注重学生的自主学习能力，适度参与和引导；而在教授和指导英语能力相对较弱的学生时，要加大参与和引导的力度，使学生的英语水平得以稳步提高。

而学生则可根据自身的学习需求自主调整学习范围和难度，控制学习进度，进行个性化学习。在进行课程评价的时候，教师可以采取线上评价和线下评价相结合、过程性评价与终结性评价相结合的形式，形成综合性评价体系，从而提高学生的参与度和自信心。

混合式教学模式不仅丰富了学生的学习体验，也对教师提出了更高的要求。教师需要花更多的时间在教学研究和学生研究上，广泛借鉴和吸收优秀英语教师的教学方法和教学内容，设计更为合理的教学内容和形式，创设少而精的交互式情景教学，以适应新时期的教学要求。

3. 利用互联网优势是混合式教学的技术保证

混合式教学旨在打造一种线上线下联动的教学模式，重点强调师生的互动性。教师凭借着多媒体技术手段，从单一的知识灌输者转变为课前、课中和课后的学习引领者，将具有交互性的网络教学融入原本相对固化的课堂教学之中，在无形中还能拉近师生间的距离，增加师生沟通交流的频率和深度，这有利于学生学习效率的提高和预期学习效果的实现。

教师可多渠道、全方位地引入各种各类微课、慕课等优质的教育资源来展示和拓展教学内容，实现线上线下教学模式的优势互补，使英语学习不再受限于固定的时间和地点，而是成为跨时空、个性化的自主学习。教师应倡导学生充分发挥主观能动性，将自己收集的与课程教学内容相关的拓展资料上传到线上平台，实现资源共享，帮助全体同学巩固既有知识，拓宽知识面。同时，教师可鼓励非英语专业学生将英语学习同自己的专业领域相结合，在英语和专业两方面加强学习的广度和深度，相辅相成，使学生在未来的职业选择中更具有竞争力，更具备国际化应用型人才的资质。

（四）大学英语混合式教学模式的实施

1. 课前阶段准备

教师利用网络教学平台的运行数据和网络问卷、讨论区反馈意见等，分析学生的学习需求和认同的教学方式，设计目标任务，建设基于中国大学慕课、雨课堂、超星等平台的学习资源，配合相关练习题、测试题、主题讨论等活动，发布学习任务清单和导学视频，让学生明确课程学习要点和方法。学生查阅学习方案，了解单元课程教学目标、重难点和学习任务等，然后开展阅读文章、观看视频、同伴学习、小组讨论、在线测试等学习环节，并将学习中的疑问发布在讨论区，同时上传学习笔记和学习心得。教师汇总学生的困惑和收获，有针对性地准备课中教学内容和活动。课前阶段主要是学生的线上自主学习，学习目标设定为记忆、理解学习知识；教师的作用是督促学习、分析学情。

2. 课中阶段教学

课中教师和学生就所学内容和自学任务完成中存在的共性问题，采用教师讲授或小组讨论的方式进行实时互动交流。教师归纳问题、针对性讲评、创设情境、引导讨论。教师在合作学习中的角色通常包括明确学习目标、为学生分组、解释任务、监督小组工作以及评估合作与成就，观察学生对于新旧知识的掌握与链接，帮助学生在对话和协商中完成知识的“意义建构”。学生则应用知识、独立思考、开展小组讨论、进行成果展示和小组间的反馈评价。当合作时，学生可以提出自己的想法，与小组成员讨论并立即收到反馈，回答同伴的意见和问题并互相教导。小组成员全员参与并持续互动。通过这种互动，学生能够进行“深度学习”，通过运用批判性思维技能重塑概念并发现新的联系。

课中环节侧重知识的应用和分析，强调师生互动，全员参与，这是课程的中阶要求。学生是课堂学习的主角，教师成为教学过程中的示范者、引领者、答疑解惑者。一般来说，阅读、听讲、视听结合、示范等活动都属于被动学习；而实践练习和展示报告则属于主动学习，学习效果更好。线上+线下混合式教学有了新的变化形式，转化为“线上+线上”混合式，将原本的线下教室课堂变成了空中直播课堂。线上课堂可以利用腾讯课堂、钉钉、瞩目、腾讯会议等工具开展直播教学+基于课程内容的互动活动。在直播过程中，通过学生签到和评论区互动、出选择题等方式统计了解学生对知识点的掌握情况，跟学生连麦直接聆听学生的回答。在网络学习平台讨论区设置签到、讨论、测试、作业等，同学之间可以相互观摩对方的答案，同时教师也及时给学生回复和评论。

3. 课后阶段引导

课后教师基于慕课、超星平台课程呈现学习资源，发布作业及其他拓展学习任务（小组任务、主题讨论、个人反思等），或者通过腾讯 QQ 群、微信群等网络交流工具，与学生进行同步/异步的交流与反馈，进行个性化指导。在课后环节，学生的任务是进行作业训练、举一反三，并在此基础上巩固提高、修改完善学习成果、反思总结、内化提升；教师则结合线上和线下整体学习状况进行教学反思总结，通过投票、问卷、协作文档等方式，汇总学生的反馈和建议，同时将学生的优秀成果共享至学习平台，使其转化为可用的教学资源。这一阶段通过线上、线下的拓展训练，重视学生的评价、创造、协作探究能力的培养，侧重批判思维和创新精神，引导学习者从孤立记忆与机械式问题解决发展为有意义的学习，以培养高阶思维能力，教学目标体现高阶性。

线上线下混合式教学模式的构建在于提升教育质量和人才培养质量。大学英语课程应从学习成效出发，有效地设计课程，提高课程的高阶性、创新性、挑战度，推进课程体系和教学内容改革，从教学理念、教学目标、教学内容、教学材料、教学方式、评价方式等方面促进大学英语的有效教学，将知识传授、能力培养、价值引领有机统一，实现学生知识、能力、素质的有机融合。

二、大学英语线上线下混合式教学模式

在信息时代，学生获取知识的途径早已经发生了翻天覆地的变化，各类慕课、微课、翻转课堂等成为学生日常学习生活的一部分，它们以短小精悍的特点迅速抓住了学生的注意力，完美地利用学生的碎片时间，深受学生的青睐。学生可以通过在线观看相关语言学习微课视频，掌握知识重点和难点，随后完成与之配套的课后练习和测试，形成知识学习的闭环。除此之外，学生还可通过线上学习社区与教师及其他同学讨论交流或是合作学习，分享优秀的教学资源和学习经验。学生在网络上学习到相应的语言知识点以后，教师在线下课堂上要指导学生对这些知识加以充分运用。

（一）大学英语微课教学模式

教师在进行大学英语课程教学时，应重点培养学生的英语听、说、读、写、译能力以及跨文化交流能力。通过微课的模式可帮助教师获取大量的英语教学知识，以此来满足大

学生全面发展的需求。“微课可改变传统的教师教学理念、英语教学模式、课程教学内容等，教师将建立以学生为中心，以学生能力培养为导向的现代化教育教学目标。”①

1. 大学英语微课教学模式条件

（1）信息技术的飞速发展。信息技术已经广泛应用于各个领域，在此背景下，无线移动网络的覆盖率也在不断提升。无线移动网络能够为学习者的学习提供便利。近年来，随着移动手机的不断更新和换代，学习者利用移动手机进行学习成为一种必然。另外，在信息技术、网络平台、大数据、云计算、应用软件等应用技术的推动下，移动终端实现了快速联网，同时它在教学中的应用也越来越普遍，这些都为微课在教学中的应用和发展奠定了基础。

随着信息技术的发展，信息技术对教育教学也产生了前所未有的影响。我国很多高校也意识到信息技术在教学中的重要性，并将信息技术应用于教育教学中。同时，高校在利用信息技术辅助教学的同时，也开始重视信息技术与课程整合及信息技术与学科整合，这是教育信息化发展的必然。在当今时代，现代教育已经意识到信息化教学和人才培养模式的重要性，并利用信息化教学促进人才培养模式的改革，从而为社会输送高质量的人才。为了实现信息化教学，必须充分重视信息技术与课程整合。

信息技术与大学英语教学的有效融合，有利于提高学习者的学习效率，有利于提高大学英语教学的效果，更有利于实现大学英语教学的目标。微课是教育信息化发展的必然趋势，将微课应用于大学英语教学中，必能促进大学英语教学的发展。众所周知，微视频是微课教学的重要载体，微课教学的实施和发展离不开现代信息技术的发展。因此，高校必须为大学英语微课教学提供必备的现代信息技术支持。现在高校网络教学设备日益完善，网络信息化体系也日益健全，这些都为大学英语微课教学的顺利实施和开展奠定了基础。

除此之外，还需要指出的是，当前大学生利用手机等移动设备进行自主学习的现象越来越普遍。因此，在教学中，教师可以鼓励和引导大学生通过移动设备来观看微课视频，这样有利于促进大学英语微课教学的实施。

（2）英语教学理念的先进。随着网络信息技术在教育领域中的广泛应用，教育信息化应运而生。微课是教育信息化发展的结果，它作为一种新的教育教学理念，在教育教学中起着不可替代的作用。随着网络信息技术的迅速发展，世界各国之间的交流与互动日益频繁。世界各地的人们打破了时间和空间的限制，可以随时随地进行交流和互动。网络信息

① 陈洁. 基于微课的大学英语教学策略研究［J］. 校园英语，2022（3）：12.

技术在教育领域中的广泛渗透，改变了传统的教学模式，教师教学和学生学习都可以不受时间和空间的限制，学生与教师之间的交流与互动可以在线下进行，也可以通过网络信息技术在线上进行。同时，在网络信息技术的影响下，教育教学模式不断改革和创新，一些新的教学模式也逐渐应用于教育教学中，如翻转课堂、慕课、远程教学等。这些都为教师的“教”和学生的“学”提供了新的方式。

移动化、碎片化的学习模式应运而生，这种学习模式在很大程度上促进了学习者的学习。“移动化”强调的是打破时间和空间的限制，可以任意时间、任意地点进行学习；“碎片化”主要强调的是容量比较小，学习起来比较方便。这种学习方式是教育信息化发展的产物，有利于学生根据自己的学习情况自主建构知识。微课具有短小精悍、目标单一、主题明确的特点。这些特点与当前提倡的移动化、碎片化学习的要求不谋而合。微课不仅容量小，所占的内存也比较少，而且能够以多种设备为载体，有利于学习者随时下载、随时存储、随时学习。

除此之外，微课中的微视频还有暂停功能、快进功能、快退功能、回放功能。这些功能的存在为学习者学习微视频带来了很大的方便。学习者可以利用微视频的这些功能，反复观看微视频，将一些重点、难点、疑问等记录下来，与学生进行交流和讨论。同时，微课的载体设备类型众多，学习者可以根据自己的情况选择合适的移动载体设备。总而言之，学生可以随时随地观看微视频，微课的产生使学习者真正实现了移动化、碎片化学习。

综上所述，教育信息化是信息化时代的一种必然趋势，它有利于教育教学模式的改革，有利于教育教学理念的创新，从而使教育教学模式和教育教学理念紧跟教育信息化的步伐，适应信息化时代的发展。微课是网络信息技术发展的产物，它需要先进的教育教学理念，只有这样，才能引领教育教学的发展。

（3）学生较强的英语自学能力。微课要想在大学英语教学中顺利实施，还需要学生具有较强的自学能力。实践证明，我国绝大多数大学生都具有较强的自学能力，这为微课在大学英语教学中的顺利开展奠定了基础。微课应用于大学英语教学，是大学英语教学改革的必然结果。另外，学生可以根据自身的学习情况和学习需要，通过微课来自主学习，获取知识。可见，学生的自学能够在很大程度上促进微课教学的发展，而微课教学的发展与应用也能够在很大程度上提高学生的自学能力，两者之间是相互作用、相辅相成的。

2. 大学英语微课教学模式应用

（1）大学英语微课教学的应用原则

第一，微而全原则。在微课教学中，微视频无疑占据着核心地位，但这并不意味着学生通过观看微视频就能收获学习成果，其他微课教学素材也扮演着不可或缺的角色，如微教案、微练习、微反馈等，这种“微而全”的微课教学才最有利于学生掌握学科知识与技能。

所谓“课”，其本意就是一个教学过程的单位，“课”的开展表现出时间的限制性与组织性，一般而言，“课”所实现的教学目的仅是总体教学目标的一部分，但这个教学目的对其本身而言又是完整的。微课作为“课”的形式之一，首先要体现“课”的基本特征，而后再彰显自身“微”的特色，即言简意赅、重点突出。

值得一提的是，虽然微视频是微课教学最为重要的组成部分，但不能简单地将二者等同起来。纵观当前各种微课教学比赛，参赛作品直接被规定为教学微视频，那些在比赛中取得优异成绩的参赛者，大都因为教学微视频的质量较高。高质量的教学微视频是微课教学开展的基础，但由于教学的动态性特征，仅有高质量的教学微视频是不够的，也无法全面满足教学活动的要求。

微课模式之所以在英语专业实践课教学中推广开来，这主要是因为与传统的教学模式相比，其不但将静态的课本教材以一种动态的形式呈现出来，而且从学生注意力集中的时间出发，可以将冗长的教学过程浓缩为简短的教学微视频。所以微课教学能够提高教学效率，改善教学成果。在应用微课开展英语专业实践课教学时，应当注意教学微视频配套资源的全面性，通过微练习、微反馈等帮助学生在观看教学视频后自主检测学习效果，并及时将学习情况向教师反馈。所以作为教师，必须把微课设计得“微而全”。从这个角度来看，微课设计与传统课程设计存在相似性，即都需要从撰写教案开始，然后确定教学的目标、计划、重难点，而后开展教学实践，最后进行教学反馈。二者都体现了教学系统的完整性，只不过微课模式将教学的重要内容以微视频的形式呈现出来。

第二，适用性原则。在开展微课教学时，教师首先要进行选题，针对恰当的内容设计微课，这样才能保证微课教学的效果。对于英语专业实践课教学而言，并非所有的内容都适合用微课模式讲授，教师要根据具体的教学内容，在分析重难点的基础上，确定是否实施微课模式。

根据认知负荷理论，人脑有效的认知负荷仅能保持 10 分钟左右，而传统的课堂教学时间较长，学生并不能有效地掌握全部的教学内容，因此，需要通过一定的方式把一堂课的总体学习目标具体化，从而增强学生的自信，提高他们对知识的掌握程度。所以教师在设计教学微视频时，要把时间控制在 10~15 分钟，让学生在相对舒适的状态下学习知识。至于那些包含复杂概念的教学内容，显然无法通过 10~15 分钟的时间展现出来，因此也就不适合以微课的模式进行授课。

例如，语法知识是英语教学的一部分，浅层的语法知识可以开展微课教学，而那些深层的语法知识，学生在理解时需要调动先前掌握的知识，并在教师的详细讲解下借助立体化的思维方式才能掌握。比如动词的各种用法，这就涉及动词变位、被动语态、形容词词尾等一系列的知识点，教师需要依据学生现有的学习水平、能力、接受程度等制定教学计划，并根据课堂教学的实际情况随时调整教学进度。

微课属于一种相对程式化的教学模式，如果将复杂的语法知识生硬地设计成微课视频，很有可能对教学效果产生负面影响。基于此，在将微课模式应用于英语专业实践课教学中时，应当选择适宜的教学内容，尤其是那些在传统教学模式下收效甚微的教学内容，可以尝试制作相应的教学微视频，以微课的模式将其攻克。微课是对传统教学模式的优化，在充分肯定传统教学模式优势的基础上，要积极应用微课弥补传统教学模式的不足之处，增强选题的适用性，选择恰当的教学内容，让微课成为传统教学模式的最好补充。

第三，趣味性原则。兴趣是最好的老师，学生在兴趣的指引下才能更高效地学习。在微课教学中，教师要想方设法地激发学生的学习兴趣，通过生动形象的教学微视频吸引学生的注意力，让学生在精力高度集中的状态下习得英语知识。

基于微课教学模式，学生学习知识的主要来源就是教学微视频，这就要求教师花费充足的时间与精力进行微视频的制作，尤其是视频画面，一定要做到品质精良，演示效果丰富，这样才能在短短的10分钟左右完全激发出学生的学习兴趣，让学生保持饱满的学习热情。为了达到这样的目的，教师必须从自身出发，提高信息素养，做到游刃有余地运用各种微课教学所必需的信息技术。

微课的应用为大学英语专业实践课教学注入了新的活力，原本枯燥的教学内容以微视频的形式呈现在学生面前，学生在趣味性的环境中学习英语知识与实践技能，长此以往，英语专业素养也日渐提高。

第四，互补性原则。当前，我国英语教学的主要形式仍然是课堂教学，这是由我国的国情及学生的学习特点决定的。微课作为一种新的教学模式，其对英语教学起到了辅助作用，但是也存在着某些弊端。例如，学生在观看教学微视频时遇到不懂的问题，由于视频播放的程式化，其无法随时向教师提问，而这在传统教学课堂中是可以实现的。等到观看完全部的教学微视频，学生当时想要问的问题可能已经记不清楚了，这无疑影响了学习效果。这说明，微课教学模式与传统教学模式各有所长，二者不能孤立存在，而是要互相补充，从而促使学生的学习效果朝着积极的方向发展。

教师可以把教学微视频当作学生课前自主学习的资源，让学生提前了解本堂课的教学内容，并整理出自己不理解的知识点。在课堂教学中，学生就自己存在的问题与教师交流，向教师请教，原本课堂教授知识的时间转化为教师为学生答疑解惑的时间。微课与传统教学模式相互结合、互为补充，英语专业实践课的教学不仅令教师满意，更让学生收获满满。

第五，操练性原则。对于中国的英语学习者而言，大量的时间被应用在理论知识的学习上，实践性的语言操练机会少之又少。学习英语的根本目的是应用，为了具备使用英语进行交际的能力，就必须开展大量的语言实践操练。尤其是在英语专业实践课教学中，教师更要注重为学生提供语言操练的机会，让学生在实践中提升语言能力。

第六，发展性原则。微课模式在大学英语专业实践课教学中的应用要想走向成熟，就必须不断发展，除了英语教师的精心设计以及学生的密切配合之外，学校作为英语教学的主阵地，也要大力支持微课模式，尤其是硬件方面。为此，学校要加强对现代信息技术的引入，依托各种信息化设备为英语专业实践课教学创建多元化的多媒体教室，从而保证微课教学的顺利开展。同时，学校还要从根本上对微课模式予以肯定，由于这种新型教学组织形式与传统教学组织形式存在较大的区别，所以更要鼓励英语教师勇敢尝试，鼓励学生积极参与。

综上所述，微课在英语专业实践课教学中的应用并不是一个简单的过程。微课设计要做到微而全，微课内容的选择要做到真正适合学生，微课教学环境要充满趣味性，微课模式要与传统教学模式互补，微课中要具备实践操练性的内容；同时，还要时刻关注微课在英语专业实践课教学中的发展，让学生切实体会到这种模式创造出的可观的学习成果。

（2）大学英语微课教学的应用要求

第一，学校方面的要求。随着信息技术在教育领域的不断渗透，微课作为一种新兴的教学模式在各大高校推广开来，就当前取得的教学成果来看，微课模式有着十分广阔的发展前景。过去，微课在高校教学中的应用表现出零散化的特点，即只有少数教师在开展某些课程时应用这一模式；如今，越来越多的教师开始将微课与自己的学科教学结合起来，微课教学模式也逐渐变得规模化、集成化与具体化。

为了进一步推动微课在英语专业实践课教学中的应用，院校要承担起相应的责任。首先，保证微课教学有施展的场所，也就是建设更为完善的多媒体教室，配备更为丰富的多媒体设备。其次，由于视频是微课教学的主要资源，教师需要将制作好的教学微视频上传至教学平台，学生登录账号在平台中观看，这个过程离不开网络的支持。因此，院校要着力建设校园网络，让学生不论身处图书馆还是自习室，都能随时观看教学微视频，学习其中的内容。最后，微课教学模式中，教学微视频的制作往往要耗费教师大量的时间与精力，如果教师将制作好的教学微视频上传至共享平台，此后其他教师讲授到相同内容时就可以借用这些视频资源，这不仅有利于减轻教师的教学压力，还能够促进教师团体之间的沟通与交流。

第二，教师方面的要求。微课应用于英语专业实践课教学，关键在于教学微视频，高质量的教学微视频才能促进学科教学的发展，因此，英语教师必须提高对自己的要求，从而制作出精良的教学微视频。

英语教师乐于在教学中应用微课，这是十分值得肯定的，与此同时也要意识到长期以来，我国的大学英语教学都是在传统课堂中进行的，微课模式绝不可能取代传统的课堂教学，二者必须结合起来，各自发挥优势，共同致力于英语专业实践课教学的发展。

微课教学模式是在教育信息化的背景下产生的，教师能否熟练应用相关信息技术成为微课教学的重要影响因素。所以，英语教师必须不断学习，从而提高现代信息技术的应用水平。为了弥补传统教学模式趣味性的缺失，教师要制作出有趣的教学微视频——不仅画面生动，而且配音字幕使用得当，这就要求教师具备制作教学演示文稿、使用录屏软件以及配备声音与字幕的能力。其中，声音的配备要求英语教师对教学内容一一朗读，因为在英语专业实践课教学中，英语发音格外重要。学生在观看教学微视频时，大脑能够接收到良好的语言刺激，在此基础上进行跟读，才能形成正确的发音，养成良好的语言习惯。

第三，学生方面的要求。不论传统教学模式，还是微课教学模式，教学服务的对象都是学生，教学所要实现的目标也都是提升学生的学习效果。所以，任何一种教学模式都要注重学生的作用，为学生创造良好的教学环境，调动学生的学习积极性，这也是微课教学的应有之义。在基于微课的英语专业实践课教学中，学生更乐于在课前和课后观看教学微视频，这两个阶段的学习都没有教师的参与，因此需要学生发挥主观能动性，开展自主学习。

在课前预习环节中，面对未曾学过的知识点，学生要表现出精力高度集中的学习状态，有目的地观看教学微视频。视频观看完毕后，回想自己学到了哪些知识，存在哪些不懂的问题，这些问题中有些需要与同学探讨，哪些需要向教师请教。另外，为了检测自主学习成果，学生需要完成教师设置的配套练习，这样才能准确掌握自己的学习情况。

在课后复习环节中，学生借助教学微视频查缺补漏，对于自己的薄弱之处多次观看教师的讲解，从而全面掌握课堂教学内容。除此之外，微课也可以在课堂教学环节应用，只不过大多数学生认为课堂要以聆听教师的讲授为主。其实，在课堂中播放教学微视频能够调动学生参与教学活动的积极性，有利于提高学习效率。

英语教学的实践性本身就很强，英语专业实践课教学更是如此。实践课开展的目的就是促使学生在扎实掌握语言知识理论的基础上，形成语言实际运用的能力。在微课教学视频的辅助下，学生可以跟读，并反复练习相关句型，正所谓熟能生巧，大量的练习必然能够帮助学生获得许多英语实践运用的技巧。总而言之，学生必须成为一个自律的人，用良好的自主学习习惯收获更多的英语学习成果，也让微课教学体现出其存在的价值。

（二）大学英语慕课教学模式

慕课是一种在线课程开放模式，是在传统发布资源、学习管理系统的基础上建立起来的课程模式。

1. 大学英语慕课教学模式类型

（1）基于内容的慕课教学。基于内容的慕课教学模式强调的是教学内容，更加关注学生对教学内容的掌握情况。因此，这种教学模式往往会与教学评价相结合参与到教学实践中。当然作为慕课教学模式的一种，这一教学模式同样需要构建学习社区，号召更大范围的学生参与学习过程。从表现形式上看，这种慕课教学模式与网络化的课堂教学非常相似，如各高校教师录制该专业的视频课程，并将视频课程和教学资料上传，同时设置相应的线上测试环节；学生可以自行注册免费账号，参与线上学习，在完成学习任务后，可缴纳一定的费用，申请获得相应的证书。这种慕课形式极大地促进了高校教学资源的有效共享，得到了诸多投资者的青睐。

（2）基于网络的慕课教学。基于网络的慕课教学模式强调的不仅是网络环境，而且是学生参与学习的自主性。基于网络的慕课教学资源，虽然对网络环境有所要求，但并不是对学生学习渠道的限制，而是希望对网络传播方式的强调，号召学生有效利用网络技术，实现教学资源的进一步传播。学生在利用网络技术传播教学信息的同时，也能够加深自己对所学内容的认识，与更多志同道合的学习者建立联系。慕课教学模式相对基于内容的教学模式要更加复杂，对网络技术的要求更高。其中最显著的差异就在于，基于网络的慕课教学模式需要交互性技术的支持，即在教学过程中并不是先由教师录制好教学视频，再由学生进行学习，而是通过直播的方式，由教师与学生借助网络技术构建一堂线上课程。在这个过程中，不仅要保证网络的稳定性，能够支持图像、语音和文件呈现的实时同步，还需要互动技术的支持，保证师生互动与即时交流的完成。慕课教学模式除了需要网络开展外，与线下课堂教学比较相似，一般也以“周”为学习周期。慕课教学模式并不会导向明确的学习结果，一般也不会安排相应的考核与评价。

（3）基于任务的慕课教学。基于任务的慕课教学模式强调的是学生对某项知识技能的掌握，它与单纯对内容的强调不同，更侧重于学生学习的阶段性与教学步骤的循序渐进，鼓励学生自主展示自己的学习成果。慕课教学模式对学习社区的依赖性相对较强，需要靠学习社区来吸引学生、展示学生作品、传递学习信息。

以上三种慕课教学模式的共同点包括六方面：第一，慕课视频的时长一般都在8～15分钟左右；第二，学生参与慕课学习的自主性都较大；第三，慕课的传播、组织、评价、应用等都是在网络环境下进行的；第四，慕课的受众更加广泛，慕课课程的目标设计也更加多样；第五，慕课课程一般都包含视频、课程资源、学习评价、学习社区等组成部分；第六，慕课课程都具有开放性，且具有持续创新的特性。

2. 大学英语慕课教学模式特征

（1）慕课在网络环境中的特征。下面主要探讨慕课在网络环境中的开放性特征。开放性是慕课自出现之初就一直强调并坚持的教学原则，慕课的开放性表现在慕课教学的以下方面。

第一，在慕课教学资源共享方面。学习者要想参与慕课学习，从免费注册账号、选择学习课程、进行学习讨论以及参加线上线下的教学活动等。都可以自主完成，也就是慕课学习的全过程都是面向所有人开放的。同时随着参与到慕课教学中的高校逐渐增多，各高校间开始承认其他学校的学习成果，这为跨学校、跨学科学习以及学分互认提供了条件。

第二，在慕课教学的机会共享方面。慕课为不同文化背景、不同生活条件、不同肤色、不同地区的人提供了相同的接受教育的机会，同时学习者在任何时间、任何地点都能够登录课程进行学习，这种面对所有学习者无差别的开放，正体现着慕课的开放性。不同学习者在进行慕课学习时也表现出不同的动机和意愿，有的学习者主要是被兴趣吸引，或满足自己的好奇心；有的学习者更多的是希望得到该专业的证书；也有的学习者是为了在自己的专业方面获得更深层次的发展……不同身份、背景、生活经历的学习者共同加入到慕课学习中来，这使得很多慕课的学习讨论并不局限于课堂知识或课程本身，学习社区除了知识交流之外，更担负起了文化融合的重任。

（2）慕课具有线上课堂的特征。尽管慕课与传统的课堂教学存在着巨大的差异，但从课程本身来看，依旧未脱离教学活动的范畴，仍是跟随课程的发展进行线性展示的。因此，慕课与传统的课堂教学存在着天然联系，慕课的结构与传统课堂基本一致，同样重视教学内容、教学方法、教学环境等因素，也经常作为课堂教学的补充出现在教学活动之中。但两者也存在一些显而易见的差异，慕课与传统课堂教学相比，最大的不同在于它的传播依托的是互联网，而非传统课堂的语言传播。这一特性决定了其受众规模会远超传统教学课堂，但同时也对其教学设计、教学内容、学习管理、评价方式等提出了特殊的要求。

慕课作为网络技术发展下教育领域最重要的成果之一，近年来随着互联网技术与信息技术的发展逐渐受到更广泛地区和人群的欢迎。在新时代，慕课自身也发生着显著变化，更加重视课程的完整性与接受度，这不仅为学习者带来更好的学习体验，而且也提高了慕课在教育领域的认可度，学习者通过慕课得到的证书、学业评价等也能够得到更多高校、机构和组织的认可。慕课平台也从最初的线上教育信息交流平台、教学资料分享平台，转变为集资源共享、信息沟通、学术分享于一体的“线上课堂”。而慕课作为“线上课堂”也表现出以下显著的特征。

第一，自我学习为主。课堂教学设计是对整个教学活动的系统规划，对整个课堂的走向和教学框架的科学布置。教学设计一般包括目标、内容、策略、评价四个基本要素。在传统教学模式下，教学设计指导着教学活动的展开，从时长范围、评价方式、作业情况等方面对课堂教学进行限制。尽管近年来在现代化技术、教育学理论和管理学思想的影响下，教育改革不断深化，但在教学设计与课堂组织、课堂教学的基本结构等方面改变仍不明显。基于传统教学模式的教学设计仍多以知识掌握为教学目标，教与学的过程仍是以“教师引导、学生学习”的顺序进行。

慕课的教学设计也包含以上四个基本要素，但在课程实施过程中，更加强调对学生自主学习能力的培养。慕课的教学设计同样会通过一定的方法对课程活动进行限制：通过课程视频形式、课堂测试方法、论坛小组对课程活动进行规范。慕课面对的学习者规模庞大，在传统的教学模式下，一个教师面对最多百十个学生，仍难以完全照顾所有学生的学习进度；在慕课模式下，讲授者更无法做到“一对一”式的教学，当然慕课的目的也不在于此。慕课的出现是为了实现优质教学资源在更大范围内的传播，是为了搭建起缺乏有效学习渠道的学习者与有志于推广优质教育资源的专家学者间的桥梁。因此，慕课课程在设计时更注重对学习过程的设计，注重对学习者的引导，而非单纯某个知识的传授。同时，与线下传统课堂教学不同的一点，慕课课程设计时还要考虑到不同地区、不同文化背景下的学习者的需求和接受方式，通过避免使用可能引起争议的教学方法、强调学术性研究等方式，引导学习者根据自己实际情况完成学习过程。在慕课教学的整个过程中，学习者的自主性是保证学习任务完成的关键。

另外一个体现学习者自主性的地方在于，对慕课课程选择的自主性。慕课面对着大规模的学习者，学习者同样也面对海量的慕课资源，而且随着近年来全世界范围内高校和学术界对慕课的重视，慕课资源在不到十年的时间里飞速增长，很多同类、同质的慕课资源纷纷出现在各大平台。学习者需要在这些慕课课程中挑选出自己更喜欢、接受度更高的那部分。这种情况也是不会发生在线下传统教学课堂之中的。

第二，短小精确的课程内容。传统课堂教学的内容安排是参照学科教材和大纲要求并辅助练习册、教辅书等进行设计的，与学科特点、课程类型直接相关。而高校教学课程一般是由国家教育部门统一编制的，相对固定。课堂教学无论从教学内容、课程目标，还是从教学时长、教学完整度等都会受到一定的限制，教师的教学活动必须符合国家和学校的要求，完成固定的教学任务，实现一定的教学目标。

但慕课却并不受这方面的限制，教学内容全凭课程制作者、讲授者做主，可以是讲授者自己的研究方向或者专业经验，也可以是学科基础知识或者某个易混淆的知识点等，还可以是某些跨学科、跨领域的内容等。慕课课程可以是一节课，也可以是分成多节课的一门课程，还可以是数个学科的整合介绍，甚至可以是对之前各不相关领域的教学资源的重新整合和再次利用。慕课从创立之初，就并没有刻意强调内容的系统性和全面性，慕课的课程视频中也不全是，甚至只有一少部分是对某一门课程的系统讲述。慕课课程视频的时长大部分都比线下课堂要短，一般只有十多分钟，一个视频可能只包含几个教学片段和部分学习资料，内容容量相较40分钟以上的线下课堂极小。因此，慕课设计者在进行内容选择、课程设计时，需要认真筛选教学材料，选择更能吸引学习者、更具代表性的内容来制作课程视频。一门传播度高、学习者众多、质量过硬的慕课，一般需要很长时间的准备、设计和制作。

一般而言，一门慕课的制作需要经历的步骤包括四方面：一是选定教学内容，编制教学材料，先将其分成每节2小时左右的几个部分（相当于一周的学习量），再将每一部分都划分为数个10分钟左右的小节，之后以小节为单位进行课程视频的录制；二是录制课程视频，并对视频进行编辑；三是按照慕课平台要求，上传制作好的课程视频和教学材料、课件等相关的教学资料；四是设置嵌入式测试，在课程视频的合适位置嵌入准备好的程序性问题，以发挥测试的作用。

在课程上传前一个月左右，课程的宣传视频、信息接收就已经在慕课平台公布，学习者可根据公开的信息选择课程。课程开始后，学习社区也会随之开放，学习者和讲授者可以通过会话小组、论坛等进行沟通。同时，讲授者需要进入管理系统，对学习者的问题进行解答和回复。

第三，民主平等的师生互动与教学管理。线下课堂教学模式中，师生之间联系与沟通主要发生在课堂。而课堂上的师生互动绝大多数是由于教师主导，与教学设计直接相关。在传统教学模式下，课堂教学仍是以教师讲授、学生听讲的形式进行，在教学过程中插入问答、讨论等互动环节，能够有效地拉近师生关系，提高学生的参与度，提升教学效果。从互动角度对教师在课堂的行为进行分类，可分为以下方面。

首先，主教行为。教师作为教学互动的主要参与者，在传统教学模式下承担着知识传授与讲解的职责，需要完成语言介绍、文字与图像信息的呈现、肢体动作的配合，借助这些语言和非语言的表达完成知识传递过程，同时主教行为还包括由教师主导的学习活动、阅读过程、练习过程、师生讨论等行为。相对前面单纯的知识传递，师生互动的环节能够更好地缓和课堂氛围，营建更加和谐的师生关系。

其次，助教行为。教师的助教行为主要包括在营造教学情境时的引导行为，以及课前导入环节和课后总结环节的行为。教师通过助教行为，激发学生的学习动机，引导学生的学习兴趣，并借助对各类现代教学工具的使用，丰富课堂教学呈现方式，增加学生新鲜感。

最后，管理行为。教师的管理行为主要包括在规范课堂秩序时的管理活动，包括对课堂规则的制定、对课堂时间的控制、对学生错误行为的纠正等。教师不仅要通过对课堂秩序的管理，保证教学活动的顺利进行，而且要选择合适的管理行为，辅助教学氛围的构建。

慕课的时长较短，对教师的行为表现有所限制，但上述三种教师行为也都在慕课中发挥着巨大的作用。慕课与传统的线下课堂教学相比，还是存在诸多差异，首先是慕课的师生互动并不像线下课堂教学一样是实时的。慕课的课程视频每周上传一次，教师在上传新的课程视频前会通过慕课平台将课程计划发送给加入课程的学习者。学习者自己把握学习时间，完成学习任务，并在规定时间内上传作业内容。在这个过程中，尽管学习者的自主性起着关键作用，无论对学习时间的把握，还是学习任务的完成、作业的上传，学习者都需要足够的自我约束力和自我管理能力。但是与此同时，教师的行为作用也不容忽视，如教师在上传新课程视频前的通知、提交作业的提醒、课程视频中嵌入的问答、课程讲解过程、课程内容中的思考问题提出等。

另外，慕课还有一个传统课堂教学没有的重要组成部分，那就是学习社区。慕课的讲授者和学习者可以通过课程讨论区对课程内容、专业问题，以及各类相关信息进行交流、沟通、讨论。学习者在完成课程视频学习后，随时可以就不理解或感兴趣的内容参与到讨论中来。慕课的讲授者也会定期浏览讨论区中的问题和观点，对其中的专业问题进行解答，吸收合理观点。但由于慕课规模性较大的特性，社区内学习者的数量占据绝对优势，所以参与讨论区讨论的多为学习者。

慕课的制作是由整个制作团队的通力合作完成的，一般在慕课课程视频上传后，也是由整个制作团队共同进行维护的。慕课制作团队的教师一般都会实时关注学习社区内的信息，并根据最新课程的要点建立新的讨论组，通过发帖、建圈等方式将课程学习者纳入其中，引导大家讨论分析，发现新观点、巩固新知识。同时教师还会对讨论组中学习者的反馈的情况进行总结，对其中的问题做出解答。相比传统教学课堂的师生交流，慕课的讨论区更像是线上论坛，学习者能够自由发言，教师与学习者之间能够更平等地交流，学习者与学习者间的讨论更加随意和丰富，不会受到课堂氛围的影响，也不会被某个话题所限制。正是这种自由性、开放性和包容性，让慕课在全世界范围内获得了巨大的认可，也收获了更大规模的学习者。

但是，大规模讨论也带来了大量的管理工作，一般慕课学习社区和讨论组的管理是由课程制作团队完成的，但当学习者规模过大、人数过多时，教师也会从活跃度较高的学习者中招募有余力、有意愿的人加入团队管理，参与社区管理工作。这些管理者需要对讨论组内的帖子进行分类和整理、维护讨论组的和谐环境，对其中的问题进行整理和分类等。除了对学习社区和讨论组的管理，有的还需要对学习者的邮件进行处理。如何提高学习者对课程视频的黏性，培养学习者的学习意志和学习习惯等，已经成为慕课研究者重点关注的问题。慕课管理除了需要制作者团队、志愿学习者外，还要依靠一定的平台服务工具。其中最主要的就是各个慕课平台的课程导航系统、展示区等，这些系统模块和管理工具为管理者进行课程服务提供了有效工具。除了平台自带的技术工具，还有很多专门为学习者开发的，用于课程评价与筛选的网站和小程序，如果壳网的 MOOC 学院。MOOC 学院将线上的慕课资源都进行了收集与整合，并通过开发筛选程序，帮助学习者快速查找和选择自己需要的课程。另外，MOOC 学院还支持课程评价，学习者可以在 MOOC 学院论坛中对自己已学习的课程进行打分和评价，为之后的学习者提供参考，同时拉近了学习者之间的关系，提高了学习社区内成员的活跃度，增进了有同样专业背景或同样兴趣的学习者之间的交流。

第四，同学互评的评价方式。学习评价作为教学活动重要的组成部分，不仅是教授者重要的教学手段，而且是学习者重要的自省工具。学习评价是在既定目标和标准下，通过一定的评价方式对学习过程、学习行为或学习结果进行评价的过程。学习评价有时候不仅包含对学习者专业知识、技术能力的评价，而且包括道德情感、综合能力的评价。在传统课堂教学模式下，学习评价一般可分为诊断性评价、终结性评价和形成性评价。

诊断性评价主要用于教师对学生学习基础的摸底了解。教师通过诊断性评价了解学生的大体情况，以便根据学生实际制定教学计划、完善教学设计。终结性评价主要是对学习者阶段性学习成果的评价，期末考试、期中考试等都属于终结性评价。终结性评价一般采用笔试的形式，准确度与公平性都相对较高，但也存在片面化的不足。目前很多高校仍采用终结性评价方式对学生学习情况进行检测。形成性评价主要用于课堂教学的过程中，以随堂测验或课堂提问的形式出现。教师借助形成性评价实时掌握学生的课堂吸收情况，以便调整授课节奏。

慕课教学也有学习评价的环节，但评价方式、评价标准都不像传统课堂教学一样严格。首先，在评价的效力上，传统课堂教学的学习评价会与学生的学习成绩、学分绩点直接相关，但慕课教学只是为了让学生了解自己的学习效果，即便近年来慕课课程的跨校学分系统得到了有效的建设，但慕课教学的评价效力还是远低于课堂教学；其次，在评价的流程上，传统课堂教学的学习评价会遵从既定的流程，采用统一标准，要保证所有参与评价的学生的公平性。但慕课的学习评价很多都不会给出成绩，也没有比较标准，评价过程也不会受到教授者的监督。另外，在评价的标准上，传统线下课堂教学的学习评价一般都有既定标准，如 60 分及格。但是慕课，根据设计团队的不同，其评价标准也存在差异，同时也会受到管理团队和授课教师的影响。能够申请课程证书的课程，考核标准相对规范，但与线下考核相比仍存在差距。

另外，慕课与传统课堂教学在学习评价方面最大的不同在于存在一种新的评价方式——同学互评，即由学习者对一起学习的同伴进行评价。这种评价方式主观性相对较大，也曾被很多人质疑，但这种评价方式在社会学研究中发挥了巨大作用，其科学性已经得到有效证实。另外需要说明的是，慕课的同学互评与课堂教学的学生互评并不相同，课堂教学中学生之间相互认识，在进行评价时可能会受到彼此情感的影响，但在慕课教学中，学习者之间除了学习过程和专业交流，并无过多的联系，因此评价的真实性与客观性相较其他群体间的同伴互评，更具真实性。

3. 大学英语慕课教学模式优势

（1）课程多。慕课经过多年发展，已经有海量的资源可供学习者选择。慕课平台上的课程资源覆盖了金融、管理、人文、社科、计算机技术、教育等学科。在内容方面，不仅包含化学、物理、代数、几何等基础学科，而且包含医学、计算机、金融经济等专业性较强的学科。同时，这些教学资源并不全都是用英语讲解的，其中也包含很多中文、西班牙语、法语的教学内容。各慕课平台为方便学习者更好地获取教学资源，基本都配备了翻译团队和字幕组。

（2）形成语言使用环境。英语是一门语言学科，只有能说出来的语言才能被称为语言。慕课集结了全世界范围内学习资源和学习者，其中就有很多来自英语国家的学习者，能够为学生提供英语交流的平台，让学生真实地感受英语氛围，从而深化对英语知识的理解。

（3）扩大学生知识储备。课堂教学是我国大学英语教学的主要形式，但在大学阶段英语教学的课时并不多，教师要保证教学任务的完成，因此英语课堂的知识点一般都较为密集，其他内容相对较少，同时一节课下来学生很难再有精力去吸收更多的相关知识。慕课的课程视频时长一般较短，且教学资料丰富，学生通过慕课可以获取大量有意思的背景知识，同时还能为学生提供在线讨论的空间，这对激发学生兴趣、丰富学生知识储备有非常大的帮助。

（4）提供能力培养平台。目前，我国的高校教学仍以知识传授和技能教学为主，很少会关注学生能力的发展。一方面，因为能力难以通过评价方法准确衡量；另一方面，个体能力发展的差异性较大，以能力为标准对学生进行评价有失公允。但对学生能力考查的忽视，却也影响了学校对学生各项能力培养的效果。在英语教学方面，传统课堂教学模式下，学生开口的机会很少，师生之间、生生之间的交流也很难照顾到所有人，学生的语言能力难以得到有效的培养和锻炼。慕课教学首先能为学生提供真实的语言环境，让学生逐渐沉浸到英语学习中去；其次能为学生提供有效的交流平台，让学生与外国学习者直接交流，体验英语交流环境；最后，慕课丰富的教学资源也能让学生寻找到最适合自己的语言学习方法，切实从能力培养的角度来提高英语能力。

（5）平衡不同学生水平。在传统课堂教学模式下，学生学习全靠教师的引导，教师水平的高低直接决定了学生的学习效果。但在慕课模式下，学生可以通过网络获取全世界范围内优质的教学资源，地区环境的影响被降到最低，只要学生有学习的需求，他们就能获得优质的教学资源。慕课的开放性为学生提供了学习的机会，同时为地区发展注入了新的力量，还照顾到了不同水平、不同阶段、不同基础的学生的个性化需求，这对于英语教学具有深远的意义。

4. 大学英语慕课教学模式注意事项

高校要全面发挥慕课的积极作用，利用慕课的优势来进行英语教学，大学英语慕课教学模式需要注意以下方面。

（1）教学资源共享。大学生需要庞大的教育资源来支持他们改变学习方式，只有合理搭建教育资源共享平台才能让大学生通过多种渠道和方式获得优质的教学资源，拥有更多的学习机会，才会更快更好地改变大学生的学习方式。第一，全球共享教学资源。世界上有越来越多的著名大学都加入了慕课平台，在慕课平台上分享了他们最好的课程，并向学生提供了不同文化和语言环境下的教学资源；教师和专家也在慕课平台上分享学习素材，并从不同的角度进行指导，让世界上的任何人都能学到自己感兴趣的课程，并确保优质的教育资源为全世界人所共有。第二，学校间共享教育资源。在学校间教育资源的共享中，必须发挥名校、名课、名师的作用，开放教育资源，让一所学校的教育资源变成多所学校的教育资源，让学生受益于多所大学。教师也应该在慕课平台上分享自己的教学设计，互相学习，共同进步发展。第三，校内教育资源共享，高校应创造一切必要条件，开放教育资源，更新完善教学设备，提供获得优质课程的机会和方式，让所有学生都能享受本校最好的教学资源。

（2）教学方式创新。要想达到良好的教学效果，帮助学生提高学习效率，教师对教学方式的改进与优化始终都是第一位的。首先，教师要从思维方式入手，转变教学观念，真正将培养学生能力放到教学任务的首位。让学生感受到自己的转变，从而促使学生做出改变。其次，教师应持续提升教学能力，尝试新的教学方法。高校教师必须保持一颗开放的心，始终保持对新技术、新思想的关注，并在教学过程中积极尝试新方法，不断总结教学经验，提升教学能力。时刻保持创造性的课堂也会给学生带来新鲜感，激发学生的学习热情和创新思维。再次，及时调整教学方法。教师需要根据实际情况及时调整教学方法，合理利用教学资源，有意识地对不同教学方式的效果、作用和优劣进行总结和分析，总结出符合所在学校、自身风格和所教学科的教学方法。例如，在高校英语教学中，教师就应多采取实践训练形式的教学方法，引导学生增加实践经验，通过亲口说、亲自参与交流过程来丰富对英语知识的认识。最后，丰富教学手段。随着计算机技术与多媒体设备的发展，教学手段不再局限于教科书、黑板和粉笔，教师可以借助多媒体设备对网络上更加丰富的教学资源进行展现，但在这个过程中也有很多教师为图省事，完全用视频资源代替了教学过程，或娱乐性的视频资料在教学过程中所占的比例过大，严重影响了教学活动的正常展开。因此，教师需要正确认识不同的教学手段的价值，合理配置、灵活运用不同教学手段，既要为教学活动提供更多的亮点，也要重视教学任务的有效完成。

（3）师生关系重建。师生关系是影响学生学习方式的重要因素。在传统教学模式下，教师与学生处于教导与被教导的位置，双方的平等性得不到有效的尊重和体现，学生在学习过程中也很难获得自由发挥的机会，这无疑会使学生学习的主动性和积极性受到压制。在慕课环境下，教学方式发生了巨大的变化，要想最大限度地发挥慕课的价值，必须提升学生的自主性和积极性，这就需要推进平等民主的新型师生关系建设。

第一，教师要转变自己的角色定位。在慕课教学中，教师更多扮演的是指导者的角色，不能再停留在传统教学模式下的课堂管理者、知识传递者上，要将课堂主体地位还给学生，让学生在自由的氛围下感受知识本身的魅力。

第二，教师应积极转变教学过程中与学生的交往方式，以平等尊重的态度对待学生的意见，改变之前师生之间单项的教导式交往，鼓励学生发表个人看法，促进交互式交流的形成与发展；同时要鼓励学生在课堂上发言，增加学生与学生、学生与教师之间的沟通机会。

第三，创设更加民主的课堂氛围。营建更加和谐、民主的课堂氛围，能够缓解课堂的严肃感，降低面对教师的紧张感，减少学生心中根深蒂固的“畏惧”心理，同时要注意的是在进行师生交往的时候，教师必须真诚地关心、热爱和尊重学生，希望通过自己的教学过程让学生收获更多的专业知识、人生经验、职业资讯等，学生只有感受到这份真诚之后才会发自内心地理解和尊重教师。

（三）大学英语翻转课堂教学模式

大学英语教学改革要强化学生的英语素养以实现人的全面发展，提倡学生进行自主学习和教学方式和方法的多样化。高校英语教师要大力发挥其主观能动性，先要转变教育观念和角色定位，改进教学方式和手段，将课堂还给学生来发挥学生的主体性。这同样体现了高校英语教学改革对教师的要求。翻转课堂教学模式应用于大学英语教学，可以提高教学效率，有利于大学英语教学的更好发展。

1. 大学英语翻转课堂教学模式特点

（1）师生角色转变

第一，教师角色发生转变。

首先，由学科知识的传授者转变为学生学习的指导者和促进者。在以往传统的课堂教学中，教师一般直接向学生灌输知识，而在翻转课堂中学生的主体性被充分发挥，教师不再主宰课堂，将课堂还给学生，但是教师的主导作用在翻转课堂中被放大了，可以更好地对学生进行学习上的指导。在翻转课堂中，教师对于一些学习活动的组织策略，如小组学习、角色扮演、基于问题的学习、基于项目的学习等必须熟悉且熟练使用。

其次，由教学内容的机械传递者转变为学习资源的开发者和提供者。在翻转课堂教学模式中，教师在学生课外学习前向其提供课外学习的资源，这样可以使学生更好地进行课外学习。教师可以根据学生的现实情况开发教学资源，有利于翻转课堂更好地展开。学生遇到问题，教师应该及时处理，所以教师要提供学生学习时的“脚手架”，方便学生获取更好的学习资源，更快地处理问题。

第二，学生角色发生转变。在翻转课堂教学模式中，学习的决定权由教师转向学生，学生由传统的接受知识的角色转变为自定步调的学习者。作为翻转课堂中的主角，学生不再被动地接受知识的灌输，而是根据需要对学习内容、学习方法、学习时间、学习地点进行控制。在翻转课堂中，知识的理解与内化需要通过小组协作的形式来完成。另外，一部分内化知识较快的学生可以将自己知识的消费者身份转变为知识的生产者，这部分学生可以担任“教师”的角色来对一些学习进程慢的同学进行指导。

第三，新型师生关系的建立。在翻转课堂教学模式中，教师要以学生为中心，学生在家观看视频学习和在课堂上与同学、教师交流都体现了这一点。在翻转课堂教学模式中，和谐师生关系的重构表现为学生可以自己控制课外学习的进度，针对一些问题可以与同学、教师交流，具有学习的主体性和主动权。正是因为教师将课堂还给学生，让学生先自主学习，教师再对其进行指导以建立知识体系，真正地以学生为中心，才能更好地构建和谐师生关系。值得一提的是，教师根据不同层次的学生进行分组，有利于学生培养合作的能力，促进学生全体全面地发展，建立新型师生、生生关系。

（2）教学环境“翻转”。科技发展使翻转课堂的普遍实现成为可能，传统课堂的教学工具一般只包括黑板、粉笔、教材、课件等内容，而翻转课堂不仅包含这些，更有线上教学资源和智能设备。在翻转课堂教学模式中，教师将学生要学习的课外资源展示给学生，学生在课外自主学习后，教师需要对学生课外学习的效果进行一定的评价，从而掌握学生的学习效果，以便更好地进行教学活动。学生也可以在线上进行交流，共同学习，共同进步。

（3）学习时间自主安排。在翻转课堂中，学生的课外学习时间完全由自己支配，学生还可以利用碎片化的时间观看教学视频，这都得益于现代科技的发展。在这样的条件下，学生可以自主地控制学习进程：对于难度较大、较难理解的部分可以暂停思考或者重复观看，对于一些简单的可以加快速度，对于无关紧要的可以跳过。另外，学生还可以在网络上就一些学习上的问题与教师和同学进行交流。学生的时间可以自主安排，这在传统教学中是难以想象的，有助于学生成为知识的主动建构者。

（4）实现个性化教学。传统教学注重群体教学，而在翻转课堂中实现了个别教学与群体教学相结合。翻转课堂教学模式注重教学的异步性的基础是认识到个体发展的速度不同，不同的学生各自的情况是不同的，他们具有不同的智力发展倾向和发展潜能。在传统教学模式下，教师传授给学生知识时，无法兼顾每一个学生的学习进度，因为每个人的学习能力与接受能力不同，学习能力强的人可以较快地吸收内化知识，而有的学生需要更多的时间去理解知识。以往的教学要求学生在统一的安排下掌握教师所传授的知识，达到统一的要求，这是不符合人的发展规律和个人的学情的。

在翻转课堂的课外学习环节，学生对自己课前学习的进程进行自我把握，对学习内容的掌握情况进行调整，这体现了异步的特点。另外值得一提的是，在课堂上采用更频繁的探究活动，教师也可以因材施教，促进学生个体化发展。翻转课堂的异步性对于改革传统课堂教学模式有着重要的意义，有利于学生自发性地学习和全面发展。异步教学教师指导异步化、学生学习个体化、教学活动过程化和教学内容问题化在翻转课堂中体现得淋漓尽致。

2. 大学英语翻转课堂教学模式步骤

实际教学中的翻转课堂教学步骤可以分为以下方面：

（1）课前教学内容的选择与制作。学生自主学习的视频资源需要教师根据教学目的、教学内容、教学方法等来决定是从网络上寻找资源还是自己制作教学视频。从网络上寻找教学资源可以通过两方面来进行：一是可以从网络上寻找到的学科公共课程资源；二是可以从网络上找到中国国家精品课程、一些名校的公开课等资源。网络上的资源在节省教师制作视频课程时间的同时，也可以将教师要上镜的压力消除，同样可以保证教育资源得到有效的利用。教师自己制作教学视频虽然更耗费精力和时间，但是教师可以因材施教。例如教师可以引入一些有趣的例子来引发学生的兴趣；在英语翻转课堂教学中，可以适当地加入一些较难的词汇和注释来促进学生加深英语学习和英语相关知识的拓展；在制作视频时可以运用多种方式来提升视频的质量，如增强声音的感染力、运用修辞手法、控制视频的长度等。相较于在网络上寻找资源，一些信息技术素养较高的教师自己制作视频虽然耗时耗力，但是效果可能更好。

（2）课中教学的智慧导引。学生在课外自主学习的后视频阶段的学习非常重要，这一阶段能彰显出自主学习是否有效。前一天的课外学习将为课堂教学奠定坚实的基础。在课堂教学中，教师需要根据不同的情况对学生进行针对性的教育，因材施教才能使翻转课堂教学模式发挥出真正的作用。在翻转课堂教学开始之前，教师在制作教学资源前就将学生在学习中可能遇到的问题进行假设，在课堂教学中，教师对于学生提出的问题直接给出解答或让学生自主或者协作进行探究，通过教师的引导来解决学生的疑惑。在这个过程中，教师需要密切关注各个学生的学习情况，因材施教，教师的教育智慧和能力也会在其中得到锻炼和加强。这样进行的课堂才是学生和教师所向往的课堂，才是能真正发挥教师主导性和学生主体性的课堂。

（3）课后知识的总结升华。学生在经历了课外自主学习和课堂教师主导的知识吸收后，对于教学的内容和知识点有了必要的把握，但是这些知识并没有系统地串联起来，只是孤立地存在于学生的脑海中，不能应用到生活当中去。知识仅停留在认识的层面上是不会发挥作用的，进行学习时应基于对知识的认识，对新的思想和内容进行批判性的学习，在原有知识的基础上广纳新知，建立完善的知识体系。学生只有在获取知识的基础上辅以相应的技能，能够独立思考、解决问题，才能够真正地将知识化为己有。学生需要在了解知识的基础上懂得如何使用，而且要用得更加艺术、更加有效。在翻转课堂教学实践中，教师在设计课程时可以针对“知识点组”向学生布置课外拓展的任务，让学生可以在实践中体会知识的应用。通过对知识的反思和应用实践，学生在课后才能让知识真正地、系统地转化为自身知识体系的一部分。

3. 大学英语翻转课堂教学优势

翻转课堂是基于学生自主学习、师生频繁互动，建构的一种新的混合学习方式。作为一种混合学习方式，翻转课堂教学模式是学校和家庭在学生学习过程中所扮演角色的调整。早期的翻转课堂诞生时就是课外学生自主学习、教师网络授课和课上教师解决问题的结合产物，发展到现在成为现代教学模式的一项重大变革成果。在当今教育改革的背景下，亟须新的教学方式来代替传统教学方式。新的教学方式要求学生具有良好的学习习惯和思维方法，能够独立完成课外学习和总结，能够在教师的指导下进行自主探究，养成实事求是的态度，保持一颗求知的心。

传统的大学英语课堂并没有考虑到学生的主体地位，只是机械地完成传统课堂的任务，忽略了学生的差异性，不能真正地促进学生全面发展，对于学生综合素质等的培养不能落实到位。英语的各项考试成为教学的“指路明灯”，使学生不能培养良好的学习习惯、探究能力和解决问题的能力。传统的教育观念影响着教师的教学方法，不仅不利于学生的全面发展，也不利于教师自身的发展。

相对于传统课堂教学模式，翻转课堂教学模式具有创新性优势，首先，是提升学生的学习兴趣，兴趣可以帮助学生更好地进行学习；其次，学生的创造力可以在翻转课堂中被充分发掘，作为一种轻松愉快的教学模式，翻转课堂可以使学生放松身心、主动投入，在这种环境下创造力可以得到提升。另外，在翻转课堂教学模式中，教师可以收集丰富的教学资源，将其展示给学生，这样不仅有利于学生的发展，也有利于高等教育公平性的实现。

4. 大学英语翻转课堂教学价值

（1）学生的学习动机增强。翻转课堂教学模式有利于增强学生的学习动机。通过翻转课堂教学模式的落实，学生可以进行课外学习，而且能够根据自身的进度把握学习进度，在课上学生自主探究和合作交流的比例比传统课堂有所增加，学生的主体性得到了发挥，这些都有利于学生学习动机的增强。通过翻转课堂教学模式的实施，学生的学习态度会变得更加积极。翻转课堂采用了先课外学习，再课上探究、讨论的方式，大部分学生对于课外观看视频都十分感兴趣，这不同于学生在传统教学课上的被动学习，在翻转课堂教学模式中，在课前学习知识和课上解决问题都是学生主动学习的表现。

采用翻转课堂教学模式后，学生的学习将变得更加自主，作为翻转课堂教学的最重要目标，学生的自主学习也是翻转课堂教学的核心要素，要求学生为自己的学习负责。学生学习更加自主的表现为：首先，学生自主确定学习目标，自定学习目标充分考虑了自身的情况，符合实际；其次，学生为了达到自定的学习目标而努力，学生通过课前自主学习和课上探究、解决问题都是为了目标而努力；最后，使用合适的手段来证实自身学习目标的实现。实施翻转课堂有利于学生按照自身的进度进行学习，有利于学生对所学知识进行灵活运用。

在高校教学中，将传统课堂转变为翻转课堂后，一定会有阵痛期，这使得学生还陷在以往传统的教学观念和教学模式中，不能很好地适应，对于教师控制其学习进度的依赖性比较明显，难以进行课外自主学习和独立思考。学生需要一定的时间来适应翻转课堂教学模式，根据情况的不同，每个学生适应的时间长短也就不同。

（2）师生关系更加密切。采用翻转课堂教学模式，教师与很多学生可以更加频繁地交流，课堂上的学习氛围也更加积极，师生之间的关系变得融洽和谐。翻转课堂教学模式可以保持教师与学生之间友好密切的关系，翻转课堂教学模式提升了师生交流的频率与质量。翻转课堂教学模式中，教师仍然是主导，学生课前的自主学习不能代替教师的作用，视频只是起到了辅助的作用。翻转课堂充分利用了学生的课前学习和课堂上的时间，将二者有机结合。在翻转课堂教学模式中，教师在课上拥有更多的时间来指导学生，通过一对一的交流，教师可以实施针对性的教学策略，这是传统课堂所不能做到的。师生之间交流的频繁有利于师生良好关系的建立和密切交流。所以，翻转课堂对于高校教学中建立良好的师生关系有着很大的助推作用。

（3）学生行为表现好转。在施行翻转课堂教学模式后，学生的学习行为和日常行为表现会变得更好。在翻转课堂教学模式的课外，学生将付出时间和精力投入到课外自主学习中，在翻转课堂教学模式的课内，学生在上课时的主体性得到了发挥，课上的时间都被用于小组探究、讨论和解决问题等方面，可以更加集中精力，课堂的秩序和管理也得到了改善。

5. 大学英语翻转课堂教学实施

（1）英语教学过程设计

第一，确定学生课外学习目标。在大学英语教学中，采用翻转课堂的教学模式进行教学设计时，应该先确定课外学习目标。在大学英语翻转课堂教学模式中，课外教学与课内教学的位置发生了互换，大学生一共需要将知识的内化过程完成两次，在课外自主学习知识是大学生第一次内化知识的过程，在课内是第二次内化知识的过程。因此，要先确定大学生的课外学习目标，才能进行下一步的设计。

第二，选择翻转内容。由于课外和课内的教学要求不同，大学生在课外和课内的学习目标也就不同。作为低阶思维的目标，课外学习目标在确立后要根据大学生的发展状况、特点和规律去选择合适的课外学习内容。

第三，选择内容传递方式。在确立并选择好学生课外学习目标和翻转内容后，下一步进行内容传递方式的选择。选择内容传递的方式就是将学生在课外自主学习的内容表达出来的工具。选择内容传递方式时，需要遵循传递内容形式丰富、获取方便、传递速度快，有利于学生个性化发展的原则。内容传递方式的选择受到多方面因素的影响，如学习内容的形式、学习者的地理位置、资源大小和接收设备情况等。

第四，准备教学资源。在完成以上三个步骤的前提下，教师应该自己制作学习资源或寻找适合学生的学习资源。在这一步骤中，准备的教学资源应该与教学内容相匹配，并且要符合选择内容传递方式的原则。

第五，确定学生课内学习目标。接下来要进行的是确定学生课内的学习目标，在前面的步骤中，我们将课外学习目标称为低阶思维的学习目标，相对应地，我们将课内学习目标称为高阶思维目标。课内学习目标主要针对的是分析、评估和创造等内容，不同于课外学习目标，原因是课内学习目标要求学生通过与教师和同学的交流与合作来开展教学活动，课外学习目标要求学生更多地进行识记、理解学习内容等。

第六，选择评价方式。无论学生还是教师，在进行翻转课堂模式的教学活动前都要做好充足的准备，而选择合适的评价方式是非常重要的。对于教师而言，低风险的评价方式不仅可以对学生进行传统方式的评价，还可以及时发现学生在学习中遇到的问题，是在翻转课堂教学模式中的理想评价方式。教师可以通过发现学生在学习上遇到的困难来调整教学计划。在低风险评价方式中，课前小测验是最常见的。一般而言，可以通过 3~4 个问题的课前小测验来对学生课外学习的成果进行评价。

翻转课堂教学活动中的课前小测验可以使学生运用到自己在课外学习的知识。课前小测验对学生和教师都有一定的反馈作用，学生可以就遇到的困难向教师询问，教师可以就学生在测验中的问题给出建议，教师和学生通过交流来完成这一环节。

第七，设计教学活动。在选择了翻转课堂教学模式的教学评价方式后，教师需要根据学生在学习上遇到的困难进行针对性的教学活动的设计，通过指引性的翻转课堂教学模式来对学生进行培养，以便学生的分析、评估和创造等高阶目标技能的养成。因此，在进行设计教学活动时，可以根据基于问题的学习、协作探究学习和项目的学习等形式来进行设计。

第八，辅导学生。在翻转课堂教学模式的教学过程的设计中，辅导学生是最后一个步骤。在新时代，教师是学生学习的引导者，只有发挥好教师的主导作用，才能使教学活动的效果最大化。在翻转课堂教学模式的教学活动中，教师需要为学生的学习活动进行引导并提供相应的支持；除此之外，教师还需要针对不同的学生进行因材施教，针对学生学习方面薄弱的地方进行针对性的指导。教师在学生的学习中扮演重要的角色，在翻转课堂教学模式中，教师和学生要进行及时的交流，教师要对学生的学习情况进行统一的总结和反馈，这样才能够促进学生对知识的吸收和巩固。

（2）英语教学资源开发

第一，支持翻转课堂的信息化教学资源。教学资源是在教学过程中涉及的人员、设备、材料、设施和预算等所有能够投入到教学过程的人和物。科技的进步带动社会的发展，在当前的信息社会中信息化的教学资源也就随之而来，信息化教学资源包括教学人力资源、教学环境资源和教学信息资源，是在网络环境下为实现教学目标而服务的资源。

翻转课堂教学模式是在信息化教学资源的出现后才被提出和应用的。根据上述大学英语翻转课堂教学过程的设计可以得出，在翻转课堂教学模式中，学习任务单、教学视频、进阶练习、知识地图和学习管理系统等信息化教学资源是在翻转课堂上常用的类型。

除上述教学资源外，教学辅助工具软件是翻转课堂的一项重要的资源。在翻转课堂中信息化教学资源被大量应用，根据教师教学方式的不同和课程内容的不同，教师需要运用教学辅助工具来实现教学资源的制作和学生学习成果的展示等。因此，可以将教学辅助工具进行分类，分别为视频制作工具、交流讨论工具、成果展示工具和协作探究工具四类。

第二，遵循资源选择原则。翻转课堂教学模式所需要的教学资源多种多样，每一类都有各自不同的特点，而且每类资源中能够实际应用到翻转课堂教学模式的也有很多。面对这么多的教学资源，教师要对教学内容、教学方法、学生情况等进行分析，从而甄别出大学生英语翻转课堂适用的资源。在选择教学资源时，需要遵循以下原则。

首先，最优选择原则。最优选择原则是从可以选择的多个方案中选择一个最适合的方案。在大学英语翻转课堂教学模式中，教师要根据教学目标、学生发展情况和教学内容等选择合适的教学资源。

其次，具有较强兼容性原则。具有较强兼容性原则是所选择教学资源要兼容学生所持有的设备。科技的发展使人们进入了信息时代，在人们的学习生活中，智能设备的大量使用使得翻转课堂教学模式的实现成为可能。手机等智能设备的出现使大学英语教学发生了变革，变得合理和高效。在大学英语翻转课堂中，学生的课外学习需要运用手机等智能设备；在课内学习中，教师要运用智能设备讲授课业。这就需要在大学英语翻转课堂教学模式采用的教学资源要能够在多数的智能设备上完美呈现。

最后，多种媒体组合原则。大学英语教学翻转课堂的教学资源形式可以包括文字之外的图片、视频、声音等形式，综合利用教学资源形式就是多种媒体组合原则，多种媒体组合原则体现了教学活动中以学生为本的原则。

(3) 英语教学活动设计。大学英语课堂翻转教学的教学活动和设计有两方面的内容，分别是课外活动设计和课内活动设计。

第一，课外活动设计。

首先，在线学习。在在线学习的过程中，学生要先进行自主学习，了解课程内容，掌握主要信息。自主学习的主要方式是观看教师准备的教学视频、电子教材和资料等。在一些教师准备的教学视频中还可以添加一些激发学生兴趣的材料、问题和例题等来增强学生在线自主学习的效果。

其次，交流讨论。教师和学生在课外学习活动中的交流讨论是通过在线交流工具和讨论区来实现的。教师和学生通过在线交流形成独特的在线辅导和自组织学习的学习模式，交流的主体可以是教师指定的，也可以是学生通过讨论指定的。经过交流和讨论，有利于学生对课外自主学习知识的掌握。

最后，在线测评。课外活动设计的最后一步是在线测评。在经过课外自主在线学习后，教师需要对学生知识的掌握情况进行一定的了解，这就需要在线测评发挥作用了。在线测评在检验学生在线学习效果的基础上，提供了教师解决学生问题的机会，也为之后的课内教学活动奠定了基础。

第二，课内活动设计。

课内学习活动可以分为两种：一是个体学习活动；二是小组学习活动。根据翻转课堂的特点可知，影响大学英语翻转课堂教学的最重要的一点是课内教学活动中学生知识内化的情况。在进行大学英语教学翻转课堂的课内活动时，需要留意翻转课堂教学要素是否有利于学生发挥其主体性来达到课内教学活动的目标。

总而言之，混合式教学在教学主体、教学内容和教学形式等多方面有诸多革新，它是信息化背景下教学改革的必然趋势，而大学英语混合式教学则是外语教学与现代信息技术有机结合的必然产物。大学英语课程是一门公共基础课，混合式教学有利于教师开展丰富多彩、形式多样的教育教学活动，有利于大学英语课程的教学改革，在培养学生英语学习的积极主动性、自主学习能力和语言应用能力上有着巨大的优势。大学英语教师应迅速转变思想，适应信息化大背景的要求，充分尊重学生的教学主体地位，根据学生的学习需求因材施教，合理利用互联网的优势，彻底改革传统单一的课堂教学模式，努力培养出适应时代发展、英语综合应用能力强的国际化人才。

第六章 信息化背景下大学英语教学评价的改革

第一节　信息化背景下大学英语教学评价改革的意义

教学评价是大学英语教学的重要组成部分，能为师生提供有效的教学效果反馈，最终改善教学质量。传统英语教学评价存在诸多问题，亟待改革。传统的英语教学评价都是围绕着应试教育来展开的，无论课堂教学评价，还是学生评价，往往以考试成绩作为唯一的衡量标准，这不仅会影响学生的学习兴趣，也会使教师逐渐失去了工作热情，因此必须对其做出改革。

大学英语教学评价对于教师来说，一是为教学活动提供反馈，有助于教师从中发现教与学上的问题，从而调整教学计划和策略；二是能够帮助教师清楚地认识到一个重要事实，教学是一个根据信息反馈而不断发展的形成性过程；三是能够为教师和学生提供对话机会，有助于师生间和谐关系的建立与维持，为更有效地开展教学奠定基础；四是通过教学评价的一系列环节，教师逐渐能够成为有意识的教学研究者，为日后教学理论的研究奠定基础。

英语教学评价对于学生的作用包括四方面。一是在评价的过程中，学生能够发现学习中取得的成绩和存在的问题，并能够及时纠正自己的一些错误观念和错误假设。二是使学生认识到语言学习不是一朝一夕的事情，而是一个长期的过程。认识到这一点，学生就能更好地对自己的学习进行监控，提高自主学习能力。三是使学生根据评价结果及时端正学习态度、调整学习策略、改进学习方法、提高学习成绩。四是使学生感受到教师对其学习和成长的关心，增加师生间的情感与交流。

大学英语教学评价对英语教学的意义主要体现在三方面。第一，鉴定筛选。通过评价对课程与教学的各个因素或各个方面的优良程度进行鉴定，一方面认定其价值的大小，另一方面衡量其是否达到了应有的标准。所谓“选拔功能”是指课程与教学评价能够为选拔优秀和淘汰不合格者提供依据，从而对评价对象进行筛选。第二，管理研究。评价作为一种价值判断，通过上级对下级、组织对个人或者被评价者的自我评价，可以更好地监督和促进被管理对象认真履行职责，完成规定的任务，达到预期的目标。所谓“研究功能”是指课程与教学评价具有教育研究上的价值，有利于开展教育教学研究活动。第三，促进发展。通过对课程与教学评价的实施，评价能够为学校的教育教学提供有效的诊断和反馈，并以此来强化和改进教育教学活动的开展，进而促进学生、教师以及学校更好地进步和发展。这种功能是当代课程与教学评价理论与实践所特别关注的。

教育信息化背景下，信息技术已经融入教师教学的各个阶段，而随着素质教育理念的深入推进和人才市场用人标准的更新，教学中应该更加注重学生的个性化发展和综合素质的培养。传统总结性的评价方式只能反映学生是否具备一定的知识和方法，而不能反映学生是否具备“高素质”，是不是行业需要的“应用型”人才。大学英语教学要服务专业、紧跟市场、利用信息资源，呈现出多元信息化。因此，大学英语教学评价改革也不应局限于各个学期的期中、期末测试等内容。从学生对英语课程学习的重视程度开始，到整个学习过程中的参与度、互动率、课程任务的完成情况以及课后的复习反思等，再到学期各个阶段的总结和测试，都要在细化后加入大学英语教学评价的内容中。

在信息化背景下，大学英语教师为了对学生的学习过程、学习态度、学习误区以及学习效率和质量进行全方位的评价监督，需要实现教学评价方式的多元化。大学英语教学评价改革可以利用不同的教学评价方式，对学生进行实时的观察和学习反馈。教师可以在学期初期进行问卷调查，了解学生的英语基础、兴趣爱好、学习“瓶颈”等情况，征求学生对多元化评价方式的意见和反馈。在设置调查问卷的时候，可以与其他英语教师或者相关专家进行讨论交流，将问卷内容细致化、科学化，通过问卷的形式充分地了解学生的学情和学生对于教学评价的反馈。教师可以利用各种网络信息平台来进行教学评价，这在线上课程普及的今天尤为重要。比如钉钉、腾讯课堂等教学平台中有教学任务设置和评价功能，在每节课或者每个知识点的学习后，教师可以利用这些软件的任务布置功能对学生的课下学习进行监督和评价。此外，教师也可以将一些指标系数融入教学评价体系中，以此来提升教学评价体系的精准度。

英语教师是英语教学的主导者，学生是学习的主体，二者在教学评价中都占有重要的位置。信息化背景下大学英语教学评价的改革，将教师对学生、学生对学生、学生对教师、教师对教师的评价都融入其中，通过自我评价、问卷调查、课堂观察和课下交流等方式开展评价。这样的评价方式让教师对学生的学习状态和心理状态更加了解，拉近了师生之间的距离。

第二节　信息化背景下大学英语教学评价的完善性

在信息化教学发展背景下，大学英语教学应积极创新，提升英语教学的有效性发展，运用多元化的教学方式促进评价体系创建，端正学生的学习态度，从而证实多元化评价方案的有效发展，促进学生提升学习能力。教师在英语教学过程中实施多样化的教学评价，可促进英语教学实的效性发展，激发学生学习英语的兴趣。由此可见，当前信息化的发展背景下，教师应结合实际教学情况，推进多样化评价体系的完善，使学生在英语学习过程中掌握更多的英语技巧，促使学习能力得到长远发展。

在信息化背景下，高校英语评价运用现代信息技术手段时实现了多样化、情景化教学情境的创建，明确发展目标，使评价更加科学，关注学生的全面发展，激发学生的学习热情，促进英语教学的高效发展。教学评价是促进学生提升学习能力的工具，能有效发挥学生的自主性，激发学生潜能，大学英语教学需要将教学评价与教学过程总评、及时点评的作业有机结合起来，结合评价主体多元化以及理念，促进学生全面发展，发挥信息技术激励功能。评价作为教育教学中的重点内容，其对课程的教学成果有着重要影响。合理、科学的评价能促进教学效果的提升，使学生对于学习具有较高的积极性和热情。大学英语教师在进行评价的过程中，要以鼓励的方式为主，构建多元化评价体系，为学生今后的英语学习奠定良好基础。

一、信息化背景下大学英语教学评价体系认知

（一）英语教学评价目标

以往的大学英语教学中，设置教学评价的目的就是评价学生对英语基础知识与专业应用能力的掌握情况。那时的教学评价重点放在了培养学生的综合职业能力方面，如英语沟通交流能力、工作社交能力等。除此之外，还必须制定阶段评价目标，这样不但可以检测学生的学习能力，同时能帮助学生迅速形成良好的学习、生活以及工作习惯。对学生的学习情况要适时评价，对学生的认知过程和情感态度等要适时评价，充分展示多样化的评价

目标对培养“复合型实用大学人才”有着非常重要的意义。

（二）英语教学评价内容

对学生的评价要坚持“多元化”这一基本要求，不仅要评价专业课程的学习，还应该对学生的技能操作能力进行评价。例如，对金融英语专业的学生来说，给他们的评价就应该包括下述方面：经济类专业术语理解能力、英语语言应用水平、基础技能及语言素养、多元文化背景知识掌握水平、社交能力、英语思维能力、互联网应用能力、团队协作能力、自我认知等。从上述多元化视角进行的评价才是最为科学和有效的，才能为学生职业素养的培育奠定良好的基础。

（三）英语教学评价主体

为全方位推动素质教育的开展，就必须创建一系列可行性高、高效的评价机制，确保学生的评价由主体的单一性过渡为多元化。因此，在改变单一评价主体的过程中，就可以采取学生自我评价、同学相互评价、家长评价，使评价学生变成一项多个主体参与的综合交流活动。学生自我评价是学生对自己学习表现的认知过程。自我评价不但能让学生对自己有全方位的正确认知，同时能使学生建立自我反思、自我评价的观念。相互评价能激发学生的评价热情，调动学习的主动性，更能促使学生形成强烈的自我教育观念。例如，课堂口语交际活动中，教师的作用就是指导学生学会倾听、参与表达，在课堂中学生评价自我的指标包括发言次数、发言情况等，并通过评价明确自己是否取得了阶段性的进步。这样的教学方式能使学生主动加入自我评价与同学互相评价活动中，从而明确自己的进步情况。此种自我评价方式能为学生提供融入评价活动中的条件，从而更好地发现自己进步的足迹，感受到成功带来的喜悦，提升学习的自信心。除此之外，还能通过自我评价认识到不足之处，对自我有清晰的认知，确定努力的方向。在评价组织形式中，必须注重教师—学生—家长系统的综合评价。所以，还要家长参与到学生的评价工作中来。

然而不管是家长评价，还是教师评价，都必须注重客观性，同时兼具鼓励，使学生在学习过程中自信满满，就算是在某个阶段没有进步也不要气馁，将这个阶段作为重新开始的起点，只有以这样的方式才能激励学生不断进取；对学生进行评价时，不仅要注重学生的成绩，同时要在培养综合素质方面多下功夫，明确学生发展的需求，使学生认识自我，建立自信心，以发挥评价本质上的教育功能。

大学英语课程教学评价体系中，评价主体慢慢成为科任教师、家长、学生、社会专家、英语能力鉴定机构等多个主体联合构成的评价团队。评价主体多样化，能够以多个方面、多个层次全方位、系统、科学地进行评价教学活动。除此之外，学生也不仅是被动的评价对象，还是积极主动的参与者，这样能促使学生和教师都发挥自己的主观能动性，逐步反思教学行为与学习能力，提升教学成果，培养学生的应用能力与职业创新能力。

二、信息化背景下大学英语教学评价完善性措施

信息化背景下大学英语教学评价的完善性需要注意以下方面：

（一）多元化评价方式的融合发展

新学期教学初期，教师应全面掌握学生英语的储备及所能达到的技能水平情况，为学生制定合理多样化的评价措施。传统评价方式所运用的大多数为总结性评价，但这样的方式无法顺应新时代教学发展的根本需求。因此，高校在英语教学过程中应着力打造多样化评价方式，对教学内容实施全方位的教学评价。在期末考试评价当中不仅要对学生的语法、听力进行评价，同时应当促进自评、互评以及网络评价方式的结合发展，实施创新评价。在教师的不断引导下，大学生可在小组表现、语言表现等方面完成自我评价，审视自己在学习当中的表现，监督自己的学习情况，促进学习方式及学习策略的完善，保证英语学习能力得到提升。在互评过程中可充分发挥学校教育资源，创建网络评价平台，使评价结果更真实。

（二）多样化与综合素养评价结合

高校是我国人才培养的主要基地，教学当中应从岗位需求出发加强对学生职业能力以及职业素养的培养，使学生不仅可以掌握知识，也可以养成良好的职业素养。由此可见，单一的评价方式不能满足学生的发展需求。过程考核所指的是学生在学习过程中所形成的评价体系，这也是对学生阶段性的学习考核，全面考查学生的学习成果，以便在此基础上对学生展开个性化指导，彰显学生的特点。在教学当中需要尝试多元化评价方式，全面考查学生情感及技能的学习效果。在信息化发展下，运用多媒体的技术手段和信息平台，促进学生英语教学活动得到进一步提升，激发学生英语综合素养。例如，英语文化艺术节、配音、主持、诗歌展览、自由主题演讲、歌曲演唱活动等，以微视频形式开展英语公益广告活动，通过图片形式设计活动海报，这些活动不仅可深化学生对英语学习的进一步认知，同时可以与学生的专业能力结合，提升学生英语综合运用能力。

（三）实现教学评价主体多元化

大学英语教学评价中，教师要注重对学生主体地位的彰显，避免出现教师单方面评价，导致评价结果过于主观性。在评价中教师不仅要对完成作业的情况评价，还要将学生的学习态度、学习过程、课堂表现纳入评价中。采取教师评价、学生自评、学生互评等方式，让学生能对自身的学习情况有全面、客观的了解，明确自身存在的问题。同时，互评方式能够使学生学会倾听，懂得取长补短，接纳和听取意见，实现自我不断完善。

（四）实施分层评价的发展模式

英语教师在教学评价中应关注到学生的差异化，分层设计，在评价中同样要分层评价。结合不同学生的学习情况和掌握能力，制定不同的标准，只要学生在原有基础上有一定的进步，达到了指定层次作业完成情况，教师应给予学生一定的鼓励和肯定，使学生能够在学习完成后有成就感。确保各阶段学生能力可得到稳定发展，促进知识储备能力提升，激发学生潜在动力。例如，针对作业完成优秀的学生给予一定的奖励，对于进步较大的学生也给予同样的奖励，认可和尊重学生的努力。

（五）依据网络创建多元化评价体系

以往英语评价的内容主要针对的是学科知识以及学生对知识的掌握情况。这样评价方式过于简单，内容不全面，不能有效地体现评价的意义与价值。在网络背景下实施多元化评价可对学生形成促进作用，并为学生带来良好的学习体验，创建良好的学习氛围。在网络平台背景下，多元化评价的方式与总结性内容应从不同角度设计评价意见，形成全面性评价，在评价发展的基础上促进教学全面发展。

多元评价注重过程表现而不是结果，评价角度也从单一地注重成绩逐渐转变成为学生综合性的能力发展，因此这种评价形式适应当前素质教育的发展需求。由此可见，高校在进行英语评价过程中应促进评价内容丰富，对学生掌握知识全面性评价，在学习过程中使学生在其他方面的能力得到提升，实现全面且科学的评价。结合学生智力发展多元化的特点，教师可从学生的创新能力、表达能力等多个方面进行全方位评价，且教师应尊重学生的学习差异性，运用评价指标量化。

实际教学过程中，教师应加强引导学生发挥自主学习动力，彰显学生在课堂学习当中的主体地位，引导学生通过互联网的渠道促进提升英语表达能力，为学生创建网络交流的平台，创建相关奖励机制。教师可创建具体评价指标，如学习态度、纪律遵守情况、课堂发言情况等，设置相应的分数。教师也可以以学生个体为单位建立独立的评价档案，总结记录学生每个阶段的学习状态和效果，形成系统评价。在当前教育改革不断发展的过程中，高校应注重学生口语能力的培养与评价。教师在实施学科评价的过程中应当将口语水平融入评价范围。总而言之，英语的评价应当结合学生的特点进行，保证评价内容，在科学评价中促进学生发展。

（六）将过程性与终结性考核相结合

高校是我国人才培养的主要基地，在教学当中应当从岗位的需求出发，进一步加强对学生职业能力以及职业素养的培养，使学生不仅可以掌握知识的运用，同时可以养成良好的职业素养，由此可见，单一的教学方式并不能满足学生的发展需求。过程考核所指的就是学生在学习过程中所形成的评价体系，这也是对学生阶段性的学习考核，全面考查学生的学习成果，从而在此基础上对学生展开个性化的指导，使学生更好地掌握个性化特点。在课程教学过程中，可以运用课程评价的标准进行合理的教学设计，将对学生考核融入教学中可以增加教学的全面性，与终结性考核之间相互结合可以彰显学生的学习效果。

总而言之，信息化背景下大学英语教学评价“主要注重的是实际任务当中所表现出的能力，注重学生综合素养考查，并且还有许多其他评价方式，如量规评价、档案袋评价等”①，不管哪种评价方式，都应当体现发展新观点及多样化的原则，注重评价功能，使评价对学生的英语学习起到反馈作用。只有这样才可以激发英语教师及学生的学习动力，促进现代信息技术在英语课堂当中能发挥的积极作用，实现教学与评价相辅相成，促进教学效果进一步提升。

第三节　信息化背景下大学英语教学评价方式创新

一、信息化背景下大学英语教学多元化评价方式

信息化背景下大学英语教学评价要在英语教学的过程中，在运用现代信息技术实现教

① 王丹玮. 论信息化背景下高职英语教学评价的完善性［J］. 海外英语（上），2022，(2)：227.

学组织多样化、教学活动情境化、教学目标明确化的基础上如何运用更多、更全面、更科学的评价方式，关注学生的全面成长，激励学生的学习热情，提高英语学习效果。大学英语信息化教学的目的就是充分利用现代信息技术和网络资源，对教学内容、教学过程、教学评价等环节进行设计，创设教学情境，提高学生的学习兴趣。例如，利用泛雅平台、微信平台等信息化教学平台，学生扫描二维码进入“学习课堂”和“微助教”等教学平台，能随时清晰地了解教师的要求和学习任务，教师可以随时掌握学生的学习情况。利用微信、腾讯 QQ 即时聊天软件等现代化的交流手段，在课堂上实现了英语教师与学生的即时交流，既可以做到分组和讨论，也体现了英语学习的广泛性。利用微课，教学以视频为主要载体，呈现教学内容中的重难点或疑点。在信息化的教学过程中多样化教学手段的运用，显著增强了英语教学的丰富性和时效性，同时对英语教学评价也提出了新的挑战，长期以考试成绩衡量学生学业成绩的评价方式显然已不能够全面地反映当代大学生的综合素养，探索一种新的、更全面的评价方式已迫在眉睫。

当前，大学英语课程考核评价主要由三部分构成：平时成绩（占 40%）+期中成绩（占 30%）+期末成绩（占 30%）= 学期总成绩，课程考核将出勤、纪律、课堂表现、平时作业等常规评价融入平时成绩考核中。这样的评价方式能够反映学生在一个学期的整体表现情况，因而被大部分院校所采用。随着信息技术在英语教学中深入应用，教师的教学方式和学生的英语学习方式都在发生变化，需要构建大学英语教学多元化的评价方式。

第一，线上评价与线下评价相结合。现在许多院校在英语教学中使用泛雅网络教学平台，教学互动平台以英语课程为中心，能提供全面的网络教学功能，包括作业、测验、通知、答疑、讨论、资料、评价等。借助这个网络平台，通过统计教学过程中所产生的数据，教师对自己的教学情况、学生的学习情况、课程的访问情况等进行全面的、可视化的了解和分析。英语教师可结合学生线上线下、课堂内外的学习表现，综合评估学生的学业情况，以做到更加全面客观的评价。

第二，即时评价与真实评价相结合。在大学英语教学中除了运用一些比较成熟的网络平台外，教师常通过其他的信息化手段提升学习效果，如建立班级微信群、班级群、教师教学公众号等发布教学要求、学习资源、及时评价学生作业等。学生借助这些平台可以随时了解跟进英语课程学习、发送作品、完成学习任务，通过查看教师的作业点评，不断改进；学生之间可以互评、互学，如在英语语音语调模仿秀中，通过观看、对比与同伴之间的发音差距更能增强学生的内生学习动力和求知欲，作业不再局限于纸质材料，以图片、视频等数字化的形式既可以重复学习又便于保存。在这样的信息化教学平台上，教师的

“教”与学生的“学”真正实现了即时评价与真实评价的有机结合。

第三，多样化评价与综合素养评价相结合。为了适应新形势下英语教与学的变化发展，许多英语教师在教学中已不再局限于运用单一的纸笔测验检测学生的学习效果，而是大胆地尝试新的教学评价方式，以更加全面地考评学生的认知、情感及技能的学习效果。在信息化的背景下，可借助各种多媒体手段和信息化平台，开展各种英语教学活动以提升学生的英语综合素养，如英语文化艺术节，配以音、诗、画，开展英文话剧表演、诗歌朗诵、自由主题演讲、歌曲演唱等活动；以微视频作品的形式，开展英语公益广告宣传活动；以图片的形式开展英语海报设计活动等，这些活动不仅能深化学生的英语课堂知识，而且能与学生的专业学习相结合，全面展现了学生英语综合运用能力。

信息化英语教学评价要重视学生在实际任务中所表现出的能力，注重对学生综合素质的考查。当然还有许多其他的评价方法，如量规评价、档案袋评价等。但是，无论何种方法都应体现发展性观点、多元化原则，要重视评价的功能，使评价对学生的学习真正起到反馈调节的作用。只有这样，才能激发教师的教学热情和学生的学习动力，才能使现代信息技术在英语教学中发挥应有的作用，实现教学与评价相辅相成、相得益彰的效果。

二、信息化背景下大学英语教学评价多元化构建创新

（一）信息化背景下英语教学评价多元化的构建原则

1. 评价主体的多元化

英语评价主体的多元化包括学生的自我评价、教师对学生的评价、学生互评和网络系统的评价。关于学生的自我评价，主要是看学生进行自我评价的态度和评价的及时性。英语教师对学生的评价分为可量化的内容和激励性的内容两部分：课堂表现、第二课堂活动表现、随堂测试、单元测试是可量化的；而对学生的口头评价、书面评语等则主要涉及学生的情感态度、学习策略等，起的是警醒、建议或激励的作用。对于学生互评，教师要制定出评价标准，严格控制，规范操作，应具有客观性、高效性，避免流于形式；教师必须熟练掌握教学管理平台的操作，事先设定好系统评价的内容和权重。

2. 评价形式的多元化

英语评价内容的多元化必然要求评价形式的多元化，形成性评价可以采取随查测试、单元测试、计算机辅助的口语测试与听力测试、第二课堂英语竞赛、英语演出等方式，对学生进行英语知识、应用能力、跨文化交际能力的评价；采取电子档案式自我评价、教师

口头与书面评语、教师对学生的阶段性建议等形式，评价学生的情感态度、学习策略和意志品格。对于学生的非智力因素的评价也可以采用定性的方法纳入量化的范围。总结性评价一般通过期中和期末两次考试进行，需要注意的问题是考试内容的设计要体现对学生基础知识和综合应用能力的全面考核。

3. 评价内容的多元化

英语评价内容的多元化包括对学生智力因素的评价和非智力因素的评价，对智力因素的评价内容主要包括英语知识、英语应用能力和跨文化交际能力，对非智力因素的评价内容主要包括情感态度、学习策略和意志品格。

4. 评价的可操作性

理论上的论述不等于实际的操作，理论上的论述只是为实际操作提供了若干可能性，大学英语网络教学评价体系的建构在于它的实际功效。在实际教学中，采用何种教学评价模式归根结底要依据本校的实际情况，依照促进英语教学质量的提高和符合教师的接受能力的原则而定。

5. 评价手段的智能化

英语评价手段智能化即实施计算机辅助评价，计算机辅助评价是科学的评价理念与现代教育技术相结合的产物，即利用大学英语网络化教学平台的评价功能模块，设置评价的内容及权重，自动统计每一次评价的结果，自动生成结果，并导出 Excel 表格。智能化评价系统可以大幅增加形成性评价的可操作性，从而减轻教师的工作量。

（二）信息化背景下英语教学评价多元化的改进创新

1. 构建基于课堂活动的师生交流平台

在教学中，师生关系应该是主体与主体的关系，是平等的、朋友式的，这一点在教学评价体系中尤为重要。教师应充分信任学生能够认识自己的潜能及不足，尊重学生的个人评价以及学生对教师给定评价的反馈信息。在信息技术的支持下，通过数据库的建设，学习网站可以记录学生每一次的学习情况，开展师生间关于学习情况的交流，即评价—反馈—再评价—再反馈，按照需要反复进行。通过交互性的评价与反馈，教师可以了解学生的内心及教学需求。

基于课堂活动的师生交流平台除具有交互的特点以外，同时具有即时性，并贯穿于每一个网络教学环节，即交互系统延伸至学习系统和拓展系统的每一个模块。例如，在课程教学演示中，每一页幻灯片除知识点的介绍、讲解外，同时包含师生即时交流平台的链接。在即时交流窗口下，学生可以就学习主题向教师提问，可以截图的方式提交学习进展情况，接收教师的评价，并对教师的评价做出反馈；教师通过远程监控，以了解学生在线登录后学习的实际情况，对学生进行指导评价，接受学生对评价的反馈信息。又如，在在线测试模块中，除提供习题、参考答案、答案讲解、答疑留言板外，还可包含即时在线答疑链接。在即时交流窗口下，学生可以和教师进行探讨，也可以发起和在线学习的学生之间的讨论；针对可能出现的普遍性或共性的问题，系统可提前设定相同的自动即时回复。

2. 依据实际情况设计不同评价标准

不同的评价标准主要是来自不同的评价者的评价。基于互联网和校园网的在线自主学习，为学生提供了大量的语言实践机会，同时拓宽了评价者的范围。学生可通过浏览网页，搜索课程相关问题，选择涉及语言各个方面的实践练习。例如，教师可以鼓励学生在网络环境下利用所学知识和英语能力，在线回答别人提出的关于词汇、句子或语篇的英汉、汉英翻译问题。关于翻译文本的质量，提问者会给出评价，学生也可参考其他同学的相关回答进行自我评价。与此同时，学生也可将答题的网页提供给自己的教师进行评价，教师根据实际情况，确定各种评价所占的比例。

信息技术的实施赋予了大学英语教学评价活动新的特色，使评价活动可以更及时、更客观、更有效地促进教学活动的开展。但同时也要注意，网络交流不能取代当面指导，特别是师生间的眼神和肢体语言的交流。

3. 构建学习活动动态监控评价体系

档案袋评价是在某个过程中为达到某个目的所收集的相关资料的有组织的呈现。电子学习档案袋可对学生在线自主学习过程进行记录，包括如下内容：教师和学生一起设计的总体和阶段目标、即时交流窗口的评价及答疑聊天记录、自测成绩记录、上传的书面作业、上传的非网络环境学习行为及获奖情况等。

电子学习档案的建立由教师与学生共同完成，每个电子档案只能对教师及该生本人进行管理。电子学习档案袋展示了学生在学习过程中取得的进步和成绩。通过这一过程，学生可增强自己的自豪感和自信心，也可帮助教师观察其他学生所采用的学习策略。例如，教师可以根据大学英语课程的性质，设计网络学习活动记录的电子清单，要求学生注册学习账号、登录账号后，电脑根据后台所设定的评价标准自动记录学生在学习过程中电子清单上的所列项目，将成长值的变化即时提供给指定人群。电子清单以登录学生的姓名和登录时间命名，在退出登录时，可自动保存进电子学习档案袋。教师需要根据电子清单的考查项目（如学习态度、交流活跃程度、提问活跃程度、进步程度、综合表现等）及考核等级，并且综合学生的情况，设定后台评价标准。

第四节　信息化背景下大学英语教学评价方法改革

一、大学英语教学的档案评价法

（一）学生档案形式

所谓“档案”就是组织或个人在以往的社会实践中直接形成的清晰、确定的，具有完整记录作用的固化信息。学生的档案主要是指涉及学生学习情况的档案，它是根据教育教学目标，有意识地将各种有关学生表现的作品及其他证据收集起来，并进行合理的分析与解释，反映学生在学习过程中的优势和不足，并通过学生的反思与改进促使学生取得更高的学习成就。“作为对学生进行评价的一个重要工具，档案评价可以将课程与教学同评价结合起来，贯穿到日常的教学活动中去。”① 英语教学中学生的学习档案袋一般有以下两种形式。

第一，课堂记录卡。课堂记录卡可将在英语课堂中发生的事情如实记录下来，客观地描述学生在课堂上的表现。课堂记录卡一般由学生自己填写，并标明具体时间，然后收集在学生档案袋里。可见，课堂记录卡收录的主要是学生在英语课堂学习中的一些情况，它可以帮助学生及时了解自身的学习过程和学习方式。

第二，个人作品档案袋。作为学生档案的另一种表现形式，个人作品档案袋可以收录学生在学习过程中通过各种形式的英语实践活动所获得的收获和成果，以便师生及时了解。英语作品档案袋的内容灵活多样，可以是学生撰写的优秀论文、获奖证书，也可以是他人对自己的评价以及自我评价结果等。此外，还可以将学生录音、照片/图画、与同学的合作项目等收录到个人作品档案袋中。

（二）学生档案收集

学习档案材料的收集方式有很多，英语教师先应该在新学年一开始就制订一个总的计

---

① 吕文丽，庞志芬，赵欣敏. 信息化时代下的大学英语教学改革探索［M］. 长春：吉林大学出版社，2019：275.

划，如使用学生学习档案的最终目的，要收集哪些材料以及由谁来收集。一旦清楚了这些问题，收集资料的活动就会变得容易很多。由于收集资料需要一个漫长的过程，只要坚持记录有关学生学习过程就可以了，因此教师要培养学生的学习习惯，收集他们所有有关学习情况的东西，并收录在一个固定的地方，也就是学生学习档案。

制作学生学习档案时，收集资料并不太难，难的是选择收集哪些资料。因此，学生应该先学会如何整理挑选出合适的资料放进学生学习档案中。通常教师会以学生的口头讨论开始。学生参照教师提供的优秀作业的标准和样本进行讨论，并口头反思彼此的作业。学生进行口头讨论时，教师要将学生谈到的问题进行归纳总结。当学生掌握了口头讨论的基本模式，并且会用现成的标准去评定他们自己的作业后，再转向笔头反思。笔头反思有助于学生从评价中学习，了解自身的优点和不足。同时，教师也能知道学生对自己作业的看法，当发现一些不恰当的看法时，教师应当及时地提示与引导。当学生有能力判断他们的作品并且收集了一定数量的作品后，就可以将挑选出来的作品收集到自己的学习档案里。

（三）学习档案制作

学生的学习档案可以帮助学生清楚地看到自己在英语学习方面的进步与不足，从而增强学生的自主学习意识，在学习过程中不断总结经验教训，以不断完善自身的学习方法，提高学习效率。

第一，读书笔记的制作方法。读书笔记是学生对所读英语书籍、文章的随时记录，坚持记录读书笔记有助于学生养成认真思考的习惯。英语教学过程中，教师可以鼓励学生就所读内容发表看法。这不仅有助于学生了解文章、书籍的内容，培养良好的读书习惯，同时有助于学生锻炼写作能力。

第二，阅读/写作档案的制作方法。每份档案都应包括要求的项目、任意选择的项目以及评论。

第三，学生学习档案总结表的制作方法。学生学习档案总结表上通常包括：学生姓名；教师姓名；日期；学校名称；要求的项目，如阅读范例、阅读策略/写作范例、学生自评等；任选项目，如所读英语书单、内容摘要和评论、阅读成绩等。

（四）学习档案评价

完成学生学习档案的制作以后，就要检查学生所选项目是否符合档案要求，并对其进行评价。英语教师可以利用学习档案评价表评价学生的学习成长记录，检查学生所选项目是否符合学生成长记录档案的要求，并对其做出评价。此外，在评价学生学习档案时应注意档案是否整洁易读，档案中是否有具体范例，档案中材料的组织是否合理，档案中的材料是否清楚明了，档案是否能够体现不同课程之间的联系，档案的具体内容是否能够清晰、全面地反映学生某一个阶段的学习成果。有时，对学习档案的评价还会涉及两方面：一是学生学习档案座谈，教师通过档案可以了解学生在英语阅读以及写作方面的不足，使学生针对自己的学习情况计划了解自己的学习进展；二是学生学习档案评价量表，借助学生学习档案评价量表，英语教师可以将学生一个时期内的成绩量化，将学生的成绩分为优秀、很好、良好、一般和需改进五个档次，并辅以日常记录和总结，使学生的学习情况更加直观。

二、大学英语教学的自我评价法

自我评价主要指的是学生的自我评价，这种方法鼓励学生为自己的学习负责，鼓励他们勇于对自己在学习过程中的问题进行思考，使他们能够直观地看到自己取得的成绩以及需要提高的地方。英语教师通过与学生讨论他们的自评实施的过程与结果，可以使他们对学生学习成果的态度有一个了解，也能使学生对自我的学习情况有清楚的认识。

第一，学生自评表与自我提问单。自评表的运用对提高教学评价的效率起着促进性的作用，而且操作起来也比较方便且省时，只需在课堂教学活动结束之时发给学生即可。自我提问单可以使学生养成自主学习的好习惯，同时可以监控学生对各种学习策略的使用。

第二，学生自我学习监控表。学生自我学习监控表主要用于监控学生的学习行为，而且在英语教学的任何一个单元的学习过程中都可以使用该方法。首先，学习监控表在使用前，教师应该向学生介绍该表的用途和操作方式，也可以在每一个单元学习之前介绍该表的使用方法，以确保学生有效地对其进行应用。其次，在开始学习一个单元之前，学生根据自己的实际情况自行选择想达到的等级；然后学生在活动一栏中写上他们要完成的活动，这时需要注意的是，学生在计划时一定要保证这些活动能为他们取得足够的分数；接下来学生需要进行的是在学习过程中参照自己预先制定的目标，在完成活动的过程中及时地标明自己的进度，这样可以为今后行为的调整做参考。最后，监控表中的目标完成的过程虽然是学生的自主行为，但教师如果采取袖手旁观的方法也是不可取的。这时教师需要做的是时常提醒学生检查自己目标实现的情况，为他们调整下一步的行为做些许的建议或指导。自我评价是终结性评价的重要手段，其能够检测出学习者在一段时间学习后的效果，为日后的学习指明方向。

三、大学英语教学的同伴评价法

在同伴评价中，沟通技能和合作技能对评价的结果影响很大，但在采用这一评价方式时需要英语教师采取一定的策略来落实，因为同学之间彼此信任和真诚的互相评价一般而言都需要通过长时间的培养。但是同伴评价并不一定要操作得复杂，也可以通过简单的活动来实施。

例如，设计英语活动，让学生分组来完成一项任务，鼓励组中每个成员都积极参与其中，奉献自己的聪明才智，共同完成任务。而在活动结束后，作为组中的每个成员都要对自己和他人的贡献做出评价。当然，这种评价并不是可以盲目进行的，有时也要遵循一定的规则，如大家根据事实谈自己的观点或发表评论，而非完全根据个人主观偏见或好恶来评论。例如可以让五个学生评一个学生，每一个评价者都为某个学生的课堂表现写评语，但在评价时规定要把重点放在学生的优点以及改进的建议上。反之，被评价的学生将根据同学和教师的评语进行反思并写一个总结，以确定自己的改进目标。当一段学习结束之后，通过同伴评价，学习者可以交流学习经验，沟通学习上的不足。同伴评价式的终结性评价同时也培养班级凝聚力的重要方式。

四、大学英语教学的研讨式评价

研讨式评价将学生参与英语课堂活动的表现纳入其表现评价的内容之中，根本目的在于让学生学会更有效地思考，并为自己的见解提出证据，它体现了课程、教学与评价的整合。研讨式评价的实施方式很多，它既可以成为学生学业的展示，也可以成为课堂评价的一部分，还可以成为结业作业的展示，然而无论采用哪种方式，英语教师都必须明确设计出一套巧妙的问题和合理的评价准则。

由于研讨式评价对教师所提出的问题以及英语教师本身有着较高的要求，因此这种评价方法尚处于引进摸索阶段，目前主要适用于对学生学业成绩的评价。具体而言，研讨式评价的操作步骤包括明确教学目标、选定研讨采用的文本、教师提出起始问题、选择记录研讨过程的方式或设计简明的记录表、以多种方式完成评价。英语教学的研讨式评价是一种有效的评价方法，它提供了课程和教学改革的一个新思路，即把课程、教学和评价结合成为一个有机的整体。这种思路也是当前其他各种质性的评价方法的一个共同的发展趋势。

五、大学英语教学的其他评价法

第一，综合量表评价法。量表是一种比较有效的评价工具，量表的使用使评价更加公平、可靠，可以节约时间，诊断学生的优势与不足。综合量表评价法可以用来评价英语教师的教学活动，它十分注重教学活动的具体分解、对信息化处理和将标准进行统一，因而是一种比较精细的数量化的评价方法。此外，它具有标准具体化、结果准确率高、评价人员主观干扰较少的特点。综合量表评价法还可以用来评价学生，如写作评价量表既可以帮助学生反思自己的写作学习，又可以为教师安排下一次写作教学提供依据。

第二，分析法。分析法是通过对教学工作进行定性分析来评定教师授课质量的，一般没有专门的评价标准，而是依靠测评人员的学识和经验进行评价。分析法可以分为他评和自评两种方式，其评价结果以定性描述为主。分析法的优点在于简便易行，能够突出主题或主要特征；缺点在于容易受到主观因素的影响，规范性差。因而，分析法适合以改进教学工作为直接目的的日常教师授课评价，而不宜用于规范的管理型的教师授课质量评价。

第三，座谈法。座谈包括与学生的个别交谈和组织学生开展的学生会议。例如，在英语项目学习过程中，教师可以定期召开学生会议，通过小组汇报项目开展情况、小组讨论来完善自己的项目操作。与一般的座谈不同的是，这种学生会议的目的不是了解学生的学习压力和困难，而是通过开展学生会议监控项目学习、评价项目学习，从而通过项目学习促进学生的发展。

第四，电子化评价法。基于计算机开展的电子化评价是随着计算机和互联网技术发展起来的一种新型评价方法。由于计算机具有运算速度快、自动化程度高、信息吞吐量大的优点，将教学评价和计算机网络相结合具有很大的优势：能够大大简化评价的操作，提高评价的效率和效度；使过程评价的理念得以贯彻落实，解决过程评价中出现的一系列问题等。计算机网络的普及为电子化教学评价的发展和完善起到了极大的促进作用。计算机网络已经成为课堂教学的重要工具，这也为开展电子化评价提供了基础。

参考文献

[1] 鲍敏，李霄翔. 信息化环境下数字化大学英语教材研究 [J]. 外语电化教学，2017 (3)：80-84.

[2] 曹利华. 信息化背景下高职英语教学评价方式探究 [J]. 考试周刊，2017 (91)：109.

[3] 曹原. 概念隐喻及其视阈下的大学英语词汇教学 [J]. 黑龙江工程学院学报，2020 (1)：49-53.

[4] 陈洁. 基于微课的大学英语教学策略研究 [J]. 校园英语，2022 (3)：12.

[5] 崔玉琢. 高校英语教学的模式、方法与手段：评《新形势下高校英语教学与发展探讨》[J]. 中国高校科技，2019 (12)：104.

[6] 格更娜. 互联网时代大学英语教学改革探究：评《信息化背景下大学英语教学改革研究》[J]. 中国教育学刊，2019 (1)：118.

[7] 宫玉娟. 大学英语教学模式改革创新研究 [M]. 长春：吉林出版社集团股份有限公司，2019.

[8] 李红霞. 大学英语教学研究 [M]. 天津：天津科学技术出版社，2017.

[9] 李姣. 信息化下高职英语教学多元评价构建探究 [J]. 科学咨询，2022 (7)：3.

[10] 李小兰. 信息化背景下大学英语混合式教学改革与实践 [J]. 高教学刊，2021，7 (14)：120.

[11] 刘伟. 信息化技术在中职数学课堂教学改革中的应用与创新探析 [J]. 教育现代化，2018 (53)：354-355.

[12] 吕文丽，庞志芬，赵欣敏. 信息化时代下的大学英语教学改革探索 [M]. 长春：吉林大学出版社，2019.

[13] 庞云玲，陈娟. 信息化背景下的大学英语教学改革 [M]. 北京：中国纺织出版社，2017.

[14] 钱满秋. 现阶段大学英语教学改革研究 [M]. 北京：北京理工大学出版社，2017.

[15] 唐君. 高校英语信息化教学研究 [M]. 北京：中国国际广播出版社，2018.

[16] 王丹玮. 论信息化背景下高职英语教学评价的完善性 [J]. 海外英语（上），2022（2）：227.

[17] 王丽清. 信息化背景下高校英语课堂教学方式改革研究 [J]. 科教导刊（电子版·下旬），2020（15）：239.

[18] 王艺璇，曹晓晨. 信息化背景下大学英语教学改革的问题与策略 [J]. 黑龙江工程学院学报，2020，（5）：72.

[19] 尹进田，唐杰，刘丽. 地方高校课程信息化教学改革探析 [J]. 电脑知识与技术，2021，（26）：257.

[20] 薛雨. 教育信息化背景下大学英语教学模式研究综述 [J]. 商洛学院学报，2021，（5）：87.

[21] 闫俊玲，于明波. 高校英语专业课程设置改革探讨：基于应用型人才培养视角 [J]. 赤峰学院学报（自然科学版），2016，（24）：255.

[22] 杨欢. 信息化环境下数字化大学英语教材研究 [J]. 黑龙江科学，2018，（17）：82.

[23] 袁园. 信息化背景下大学英语混合式教学模式的研究 [J]. 英语广场，2021（34）：97.

[24] 赵健瑞. 信息化时代高校英语学科教育教学改革：评《信息化背景下高校英语教学改革研究》[J]. 新闻爱好者，2019（10）：97-98.

[25] 郑秀英，崔艳娇，孙亮，等. “以学生为中心”的高校教学督导工作探索 [J]. 教学研究，2019，（5）：44.

[26] 朱金燕. 高校英语教学改革探索 [M]. 武汉：中国地质大学出版社，2018.

[27] 杨妍. 现代信息化技术对高校英语教育教学的影响研究 [J]. 中国电化教育，2022（6）：134.

[28] 刘重霄，李孟华，张潇潭. 大学英语课堂教学模式的调查研究 [J]. 外语电化教学，2016（4）：15.

[29] 朱茂勇. 中学英语信息化教学的反思：基于南京市 H 中学 IPAD 教学观摩 [J]. 教学与管理（理论版），2015（2）：113.

[30] 王桂祥. 基于信息化的高校英语阅读教学探索 [J]. 中国成人教育，2014（19）：185.

[31] 张银成. 双创融通视域下化工专业英语教学改革创新研究：评《信息化背景下大学英语教学改革与创新思维》[J]. 塑料工业，2022，50（1）：173.

[32] 金炯. 高职大学英语线上线下混合式教学设计探讨［J］. 继续教育研究，2020（3）：109.